강만길의

내 인생의 역사 공부

공부의
시 대

강만길의
내 인생의 역사 공부

창비

학문 생활을 하는 사람은 누구나 자신의 학문 생활이 좁게는 그 나라의, 넓게는 인간 세상의 학문 발달에 도움이 되고 그래서 그 시대의 학문사에 자취가 남기를 바라기 마련이다. 그러나 그런 행운을 가질 수 있는 연구자가 많지는 않은 것이 사실이기도 하다.

그러면서도 사람들이 나이가 어느 정도에 이르면 자신이 살아온 생애를 한번쯤은 되돌아보게 되는 것처럼, 학문하는 사람도 평생을 바쳐온 제 학문 생활을 한번 되돌아보는 기회를 가질 만하다는 생각이다.

그런데 살아온 세상을 되돌아보는 자서전 같은 것을 내어놓은 지 얼마 안 되어 이번에는 평생 해온 학문 생활을 되돌아보라는 청탁을 받게 되었다. 그것도 앞으로 역사학을 전공하려는 젊은이를 주된 대상으로 하는 강의를 통해서 하라는 것이었다. 그러고는 그 강연 내용을 원고화해서 책으로 내겠다는 것이었다.

자서전 비슷한 책을 쓰면서도 느꼈지만 늙은 세대가 생활 면이건 학문 면이건 제 과거를 되돌아보는 일은 우선 솔직하고 정직해야 한다는 생각인데, 머리말을 쓰는 지금도 그 점에 대해 자신이 있는가 하고 자문하게 된다. 물론 독자들이 판단하게 마련이지만⋯⋯

6·25전쟁이 한창이던 1952년에 대학에 들어가서 역사학, 그것도 우리 역사를 공부하고 또 근현대사를 전공한 지 어느새 육십년이 넘었다. 그 긴 세월을 바친 나의 학문 생활을 말하는 것이 뒷사람들에게 참고가 될 만한 것인가 하고 자문하게도 된다. 그러면서도 말하라는 요구가 있고 또 써달라는 요구가 있어 말하기도 하고 쓰기도 했지만, 교정지가 내 손을 떠나는 시점에 느끼는 불안감을 감출 수 없는 것도 사실이다. 판단은 독자들에게 맡길 수

밖에.

　이상술 씨를 비롯한 창비 실무진의 노고에 감사하면서—

2016년 6월

강만길

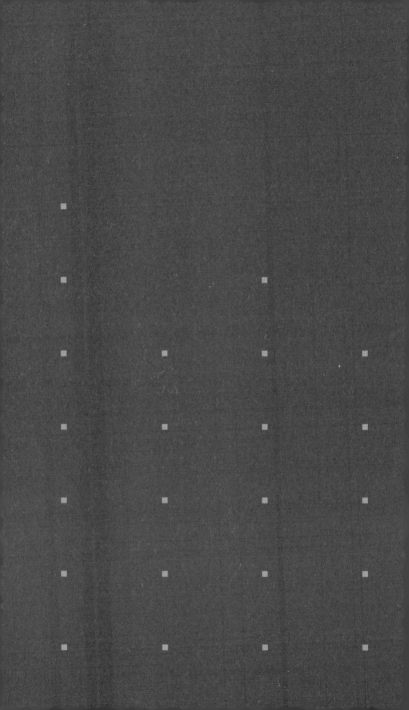

강만길의

내 인생의 역사 공부

나의 역사
공부 시작

반갑습니다. '퇴물 역사선생' 강만길입니다. 강연의 주제가 '역사에서 무엇을 배울 것인가'여서 조금은 부담이 됩니다. 아마 이야기를 듣는 분들도 너무 거창한 주제여서 다가가기 어렵지 않을까 싶기도 합니다. 그래서 내가 평생 역사학 전공자로 살면서 어떻게 역사 공부를 해왔는가 하는 이야기부터 하려고 합니다. 육십년이 넘게 역사 공부를 해왔으니 그 이야기는 어느정도 가능할 것 같고, 그러다보면 자연스레 '역사에서 무엇을 배울 것인가' 하는 질문에 답하는 것이 되지 않을까 합니다.

1945년 해방이 되던 해에 나는 소학교 6학년, 요즘의 학제로 말하면 초등학교 6학년이었습니다. 일본 제국주의자들이 태평양전쟁을 도발하기 일년 전인 1940년에 학교에 들어갔는데, 이후 소학교에서 배운 역사는 당연히 일본사였습니다.

지금은 일본사 교육이 어떻게 달라졌는지 모르지만, 당시의 기억을 떠올려보면 일본 고대사는 사람이 아니라 신(神)이 다스리던 시대에 대한 이야기였습니다. 일본인의 조상신은 여신인데, 아마떼라스 오오미까미(天照大神)라 하는 신이 초대 신왕(神王)이었습니다. 그리고 몇대를 내려가다가 한참 후에야 비로소 진무(神武) 천황이라는 사람이 천황이 되는 시대가 열린다는 겁니다.

내가 소학교를 다니던 당시의 일본 천황은 쇼와(昭和) 천황이라는 사람이었는데, 1대 진무 천황부터 124대째인가 된다는 쇼와 천황까지의 역사를 배웠습니다. 심지어는 124대까지 천황의 이름을 외우게도 했습니다. 그 어려운 일본 천황들의 이름을 외우는 일 자체도 대단히 어려웠지만, 더구나 일본어로 외워야 하니까 못 외우는 사람이 많았던 것으로 기억합니다.

「일본어독본」을 읽고 있는 소학생들.
1937년부터 각급학교에서 조선어 교육이 폐지되었다.

요즘으로 치면 초등학교 과정을 마칠 때까지 우리의 단군에 대해서도 전혀 들어본 적이 없었고 고구려, 신라, 백제도 물론 들어본 적이 없었습니다. 토요또미 히데요시(豊臣秀吉)니 토꾸가와 이에야스(德川家康)니 메이지이신(明治維新)이니 하고 서툰 발음으로 일본사를 제법 배우다가 지금의 초등학교 6학년 때 해방이 되었습니다.

그리고 1946년에 중학교에 들어갔는데, 그때부터 비로소 우리 역사를 배우기 시작했습니다. 그때는 진단학회에서 나온 『국사』라는 책이 있었는데 그게 유일한 국사책이었던 것으로 기억합니다. 그걸 가지고 비로소 단군을 배우고 고구려, 신라, 백제를 배울 수 있었던 것이지요. 그랬다가 중학교 5학년 때, 요즘 같으면 고등학교 2학년 때 6·25전쟁이 일어났고, 전쟁이 한창이던 1952년에 대학에 들어갔습니다.

사사로운 이야기이지만, 대학에 들어가던 때의 상황을 설명하기 위해 6·25전쟁 이야기를 잠시 해야 할 것 같습니다. 참 무서운 전쟁이었지요.

내 고향이 경상남도 마산, 지금의 행정구역으로는 창원시입니다. 당시는 마산이 최전방이었습니다. 마산에 무학산이라는 산이 있는데, 산 바로 뒤까지 인민군이 들어와 있을 정도였습니다. 그래서 밤이 되면 인민군의 게릴라가 마산 시내까지 들어와 활동하기도 했습니다. 경찰서에 잡혀 있는 나이 어린 인민군 병사를 본 적도 있습니다.

그런 상황이니 미국군이 인민군을 마산 시내로 끌어들여서 시가전을 벌이겠다는 계획을 세우기도 했습니다. 당시 마산 시민들이 극력 반대해서 무위로 되었지만, 아마 시가전을 벌였다면 마산시는 흔적도 없이 파괴되었을 겁니다. 그러던 중에 미군이 대량으로 상륙해왔습니다. 주로 흑인 부대였는데, 그때부터 반격이 시작됐습니다. 잘 아는 것처럼 인천상륙작전이 이루어진 후 압록강까지 전선을 밀고 올라갔다가 중국이 참전하는 바람에 다시 밀려내려오게 되었지요.

그런 전쟁 통인 1952년에 대학에 들어가 서슴없이 역사학과를 선택했습니다. 1953년에 전쟁이 끝난 뒤 처음으로 서울로 상경했는데, 서울이 얼마나 파괴되었던지 참으로 어수선했습니다.

당시는 지금보다 훨씬 먹고살기 바빠서 역사학과라는 게 인기가 없을 때였습니다. 문과에서는 정치학과나 경제학과가 인기가 있었는데, 나는 별 망설임 없이 역사학과를 택했습니다. 역사공부가 재미있었다는 말밖에 더 할 말이 없습니다. 일제강점기에 남의 나라 역사만 배울 때는 몰랐는데, 중학교에서 우리 역사를 배우기 시작하면서 전혀 못 듣던 이야기들을 듣게 되니 저절로 흥미가 생겼던 것 같습니다.

그때는 입학원서에 1지망, 2지망을 써서 냈는데, 2지망을 사학과로 하는 사람들도 더러는 있었습니다만 대부분 학생들의 1지망은 정치학과나 경제학과였습니다. 그런데 나는 1지망을 사학과로 했습니다. 다른 데 갈 생각이 없었기 때문입니다. 결국 대학에 들어가던 19세 때부터 80세가 넘은 지금까지 역사 공부만 한 셈입니다.

공부의
씨앗을
발견하다

다른 글에서도 이미 썼지만, 대학입시 때 면접에서 평생의 지도교수인 신석호(申奭鎬) 선생님을 만나게 되었습니다. 지금 생각하면 참 운이 좋았다는 생각이 듭니다. 처음 만났을 때 신석호 선생님이 "다른 사람은 2지망이 사학과인 경우가 많은데, 너는 왜 1지망이 사학과냐"고 물었습니다. 나는 대답할 말이 분명했던 것 같습니다. "만약 합격하면 평생 역사 공부를 하면서 살 생각입니다" 했는데, 그걸 좋게 보셨는지 신 선생님과는 그후로 평생의 인연이 되었습니다.

그때 공부를 참 열심히 했다는 생각이 듭니다. 왜 그렇게 열심히 공부했느냐고 묻는다면, 당시는 역사학의 경향이라든가 하는 것들에 대해서는 전혀 몰랐고 다만 역사가 좋아서 그랬다고밖에는 할 말이 없습니다. 6·25전쟁 때 고려대학교는 대구로 피난해 있었는데, 교사(校舍)도 가교사였고 도서관도 임시 도서관이었습니다. 그때 문일평(文一平) 선생의 『한미 오십년사』를 빌려 자취방에서 밤새워 읽은 기억이 있습니다. 그러던 중 서울이 수복되었고, 그후로 고려대학교 도서관을 꾸준히 드나들었습니다.

그 무렵 도서관에서 발견한 책이 백남운(白南雲) 선생의 『조선사회경제사』였습니다. 잘 아는 것처럼 일제강점기부터 우리나라 역사학에는 실증사학이 있고 사회경제사학이 있고 민족주의 사학이 있었습니다. 국내 학자들은 이병도(李丙燾) 선생을 비롯해서 거의 다 실증주의 사학을 하는 분들이었고, 한편에 사회경제사학을 하는 분들이 있었습니다. 사실은 유물사관 역사학인데 그렇게 부르지 않고 사회경제사학이라고 불렀지요. 다음이 민족주의 사학인데, 일제강점기 때는 국내에서는 민족주의 사학을 하기 어려웠습니다. 특출나게 했다가는 감옥 가기 마련이었겠지요. 그래서 국외에서 독립운동을 하면서 역사 공부를 했던 박은식(朴殷植), 신채호(申采浩) 같은 분들이 민족주의 사학을 했습니다. 국내에도 문일평, 정인보(鄭寅普) 같은 분들이 있기는 했습니다.

그런데 고려대학교에 입학해서 백남운 선생이 쓴『조선사회경제사』를 읽고는 깜짝 놀랐습니다. 여태까지 내가 배웠던 역사학하고는 완전히 달랐습니다. 그게 바로 유물사관 역사학이었으니 안 그랬겠습니까? 그보다도 더 인상깊고 큰 감명을 받았던 것은 백남운 선생이 자기가 대학에서 직접 배운 선생의 학설을 정면으로 반박하고 나섰다는 점이었습니다.

요사이도 식민지 근대화론이라는 말이 들리고 있지만, 식민지 근대화론을 제일 먼저 발설한 일본의 대표적 경제학자로 후꾸다 토꾸조오(福田德三)라는 사람이 있었습니다. 그는 독일에서 공부하고 돌아온 후 일본의 경제학이 자리잡은 20세기 초에 경제사, 사회사 등을 개척한 유명한 인물입니다. 소위 '타이쇼오(大正) 데모크라시'의 이론적 지도자로 알려진 사람이기도 한 그는 러일전쟁 무렵 우리 땅을 방문하고 나서 「한국의 경제조직과 경제단위」라는 논문을 발표했습니다. 이 논문에서 그는 조선 역사에는 중세시대가 없고 고대사회 상태가 조선왕조 시대까지 계속 유지되다가 일본에 의해 문호개방이 됨으로써 비로소 고대를 넘어 근대사회로 가게 되었다는 논지를 폈습니다.

요사이의 이른바 식민지 근대화론은 근대사회로 갈 만한 조건이 안 되었던 조선 사회가 일제강점기를 통해서 비로소 근대사회로 들어가게 되었다는 것이지요. 즉 일본의 지배가 조선 사회로 하여금 근대화를 하게 했다는 설인데, 그 설의 최초 주장자가 곧 후꾸다 토꾸조오인 것입니다. 그는 지금의 토오꾜오 히토쯔바시 대학의 전신인 토오꾜오 고등상업학교 교수를 역임했고, 백남운 선생이 그 학교를 다녔습니다. 그러니까 후꾸다 토꾸조오가 백남운 선생의 선생입니다.

백남운 선생은 일본에 의해 조선이 비로소 근대사회

로 가게 되었다고 한 후꾸다 토꾸조오의 논지를 누구보다도 정통하게 알고 있었습니다. 그리고 그 학설에 저항하고 반대해서 우리 역사에도 중세사회가 있었고 그게 바로 고려시대이고 이조시대라는 책을 썼습니다. 그 책이 『조선사회경제사』의 속편 격인 『조선봉건사회경제사』입니다. 지금은 번역이 되었다고 알고 있지만 일본어로 된 상당히 두꺼운 책이었습니다.

어떻게 알았는지는 기억이 없지만, 나는 학부 시절에 후꾸다 토꾸조오의 학설에 대해 알고 있었고 백남운 선생이 그 학설에 저항해서 『조선봉건사회경제사』라는 책을 썼다는 것 정도는 알고 있었습니다. 그런데 고려대학교 도서관에서는 백남운 선생의 그 책을 찾을 수 없었습니다. 그래서 그 책을 꼭 구해 읽어야겠기에 사방으로 수소문하다가 당시 고려대학교에 출강하던 임창순(任昌淳) 선생님께 물었더니 가지고 있으니 와서 빌려가라고 했습니다.

여담이지만, 임창순 선생님은 특이한 이력을 가진 분입니다. 순전히 서당에서 한문만 배웠고 근대 학교교육을 전혀 안 받은 분입니다. 그러면서도 성균관대학교 교수를 하고, 고려대학교에 출강하기도 했으며, 우리나라의 거의 유일한 전통적 한학교육기관이라 할 태동고전연구소(지곡서당)를 개설해서 주로 대학원생들에게 고전 한문을 철저히 가르친 분입니다. 한학 교육밖에 받지 않은 분이면서도 사상적으로는 진보적이었고, 돌아가시면서는 무덤을 만들지 말고 화장해서 유골 가루를 부모님 무덤에 뿌리라고 유언한 분입니다.

임창순 선생님에게서 『조선봉건사회경제사』를 빌려 읽어보고는 크게 감탄했습니다. 더구나 백남운 선생이 자신이 직접 배운 선생인 후꾸다 토꾸조오의 학설에 반대하고 이를 시정하기 위해 이런 책을 썼다는 점에 더 놀랐습니다. 이 책이 고려시대를 대상으로 했으니 연희전문학교 교수였던 백남운 선생이 해방 후에 월북하지 않고 계속 남녁 학계에 있었다면 그다음에는 무엇을 연구했겠는가 하는 점에 생각이 미치기도 했습니다.

당시 중국, 일본 등 아시아 지역 역사학계에서는 자

본주의 맹아론이 대두하고 있었습니다. 그러니 백남운 선생이라면 우리 사회가 일본 식민사학이 말하는 것처럼 개항될 때까지 고대사회 상태에 머물러 있었던 것이 아니라 고려시대와 조선시대에 중세사회를 거치고 조선 사회 후반기로 오면서 자본주의적인 방향으로 발전해가는 세계사적 발전방향을 드러내고 있었음을 깊이있게 연구했으리라는 생각이었습니다.

우리 역사를
새롭게
보다

대학에서의 공부는 군 입영으로 잠시 미뤄질 수밖에 없었습니다. 군대에 갔다 와서 학부를 졸업하고 국사편찬위원회에 자리를 잡았습니다.

그때 국사편찬위원회에 같이 있던 동료들이 참 좋았습니다. 내가 그곳에 갔을 때는 서울사범대학교를 졸업하고 우리 농업사를 전공하던 김용섭(金容燮) 교수, 고려대학교를 졸업하고 사회사를─뒤에는 군제사를─전공하던 차문섭(車文燮) 교수, 서울대학교를 졸업하고 한일관계사를 전공하던 이현종(李鉉淙) 교수 등이 촉탁 혹은 정식 직원으로 있었습니다. 그때는 물론 교수가 아니고 대학원생이거나 대학원을 갓 졸업한 사람들이었습니다.

그때 국사편찬위원회의 책임자가 신석호 선생님이어서 그 덕분에 우리들이 취직하게 되기도 했습니다. 어떻든 그때 그 동료 직원들과 공부를 참 열심히 했습니다. 당시 국사편찬위원회에서는 이병도, 신석호, 김상기, 이홍직, 이선근 선생님들의 집필로 일제 식민사학에 의해 잘못 해석된 역사문제들을 골라 바로잡는 논문집『국사상의 제 문제』를 발간했는데 김용섭 교수와 함께 그 발행 책임을 맡기도 했습니다. 국사학 전공자들인 편찬과 직원들은 일반 직원들이 퇴근한 후에도 밤늦게까지 남아서 열심히 연구를 했습니다. 그때의 국편 편찬과는 연구실과도 같았습니다.

여러 선배, 동료 중 조선시대 농업사 연구로 일가를 이룬 김용섭 교수 이야기를 하고 넘어가야 할 것 같습니다. 김용섭 교수는 서울대학교 사범대학을 졸업한 뒤 고려대학교 대학원에 진학해서 신석호 교수님에게 지도를 받았습니다. 내 생각이지만 서울대 대학원에 진학하면 당시의 사정으로는 이병도 선생님의 지도를 받아야 하는데,

그러면 사회경제사를 전공하기 어렵다고 생각한 것이 아닌가 합니다. 그런데 신석호 선생님의 지도를 받고 사회경제사를 전공하는 제자들이 나왔다는 것도 특이하다면 특이한 일이라 할 수 있습니다. 왜냐하면 신석호 선생님의 전공 분야는 이조시대 당쟁사이기 때문입니다.

다만 신석호 선생님은 특이하게도 제자들이 무엇을 전공하건 내용만 충실하다면 전혀 간섭하지 않았습니다. 예를 들어 내가 석사학위논문 논제로 16세기경에 조선왕조의 관장(官匠) 제도가 무너져가고 사장(私匠)이 발달해가는 과정, 즉 조선시대 수공업의 변화와 발달 과정을 논증하려 한다고 했더니 "나는 잘 모르는 문제다만, 확실한 자료적 근거가 있고 또 역사의 변화상을 다룰 수 있다면 논제로 택해도 좋다"고 하셨습니다. 그래서 김용섭 교수도 농업사를 전공하면서 농업 부문에서 자본주의 맹아가 생겨나는 과정을 연구했고 그것으로 일가를 이루었습니다.

나는 처음부터 상공업사를 전공하기로 했습니다. 조

선 후기의 상공업 발전과정을 연구해서 거기에서 자본주의 맹아를 찾겠다는 생각에서였습니다.

상공업 부문에서의 자본주의 발달과정은 대개 두갈래 길이 있다고들 하지요. 하나는 수공업자가 자본을 마련해서 공장제 수공업을 경영하는 이른바 수공업자 매뉴팩처이고, 다른 하나는 상인자본이 수공업자를 고용해서 공장제 수공업을 경영하는 상인 매뉴팩처입니다. 흔히들 자본주의 선진국이라고 하는 영국 등의 나라에서는 상인 매뉴팩처보다 수공업자 매뉴팩처 발달의 길을 걸었다고 합니다. 그런데 우리 사회는 조사를 해보니 수공업자자본보다는 상인자본이 더 강했다는 것을 알게 되었습니다.

그래서 상인자본이 수공업자들을 지배하면서 공장제 수공업 경영으로 나아가는 상인 매뉴팩처를 주로 연구했습니다. 구체적인 예를 들면 개성상인의 주된 교역품은 인삼인데, 이들은 인삼을 매매하는 데 그치지 않고 자본을 가지고 인삼을 재배하기에 이릅니다. 경강상인도 마찬가지입니다. 이들은 전국의 세곡을 운반해 나르는 서울

한강변의 선상들인데, 세곡은 반드시 서울로 운반해와야 하니까 한강변에서 많은 배를 가지고 장사를 했습니다. 이들 역시 수공업 조직을 거느립니다. 배로 세곡을 운반하니까 배 만드는 수공업장을 운영하는 거지요. 이런 사실을 논증해내는 겁니다.

또다른 경우로 육의전을 들 수 있습니다. 다들 알고 있는 것처럼 서울의 육의전 상인들도 단순히 물품을 판매하는 데 그치지 않고 수공업자 조직을 거느렸습니다. 수공업자를 우리말로 공장(工匠)이라고 하지요. 그렇게 육의전 상인들이 공장들을 지배해서 상품을 생산하는 과정을 밝혀냈습니다. 그래서 후꾸다 토꾸조오의 설과 같이 우리 사회가 일본이 들어올 때까지 고대사회 상태에 있었던 것이 아니라, 조선시대 후기에 우리 경제구조 자체 내에서도 자본주의로 가는 싹이 이미 나타나고 있었다는 것을 증명하려 했던 것입니다.

우리 역사가 이미 세계사적 발전과정을 걷고 있었다고 주장하는 자본주의 맹아론 연구는 남북을 막론하고 해방된 민족사회의 역사학이 일본 식민사학을 극복하고 이루어내야 할 당면 과제였습니다. 1970년에 처음 일본에 가서 북녘에서 발행되는 역사학 논문집 『역사과학』을 처음 봤는데, 자본주의 맹아 연구가 크게 발전했음을 보고 놀랐습니다. 해방 후 월북해서 북녘 정부의 교육상, 남쪽으로 말하면 교육부장관이 된 백남운 선생의 영향이 아닌가 하는 생각도 했습니다.

일본인 학자들은 임진왜란에 타격을 받은 이씨왕조가 다 망하다시피 했기 때문에 문호개방 이전까지의 우리 사회가 특히 경제 면에서 고대사회 상태에 머물렀다 하여 일본의 우리 땅 침략을 역사적으로 긍정적 사실처럼 가장하려 했습니다. 그런데 실제로 연구를 해보니 임진왜란 후의 복구과정에서 상업과 수공업이 발전하고 대외무역도 어느정도 발달해가고 있었음을 확인할 수 있었습니다.

임진왜란과 같은 큰 전쟁을 겪은 사회에서 전쟁 후 복구과정을 통해 경제가 발달하는 것은 당연한 일입니다. 그것은 예나 지금이나 마찬가집니다. 예를 들어 제2차 세계대전으로 철저히 망가진 독일이 전쟁 후 복구과정을 통해서 '라인 강의 기적'을 이루어낸 일이 있으며, 일본도 미국군의 공습으로 국토가 폐허가 되고 국민들의 생활이 대단히 어려워져서 코노에 후미마로(近衛文麿) 전직 수상이 제 국왕에게 이대로 가다가는 사회주의 혁명이 일어날 거라며 항복을 건의하는 상태까지 갔는데 전쟁 후 복구과정과 6·25전쟁 덕에 세계의 경제대국이 되지 않았습니까?

남의 이야기만 할 것 없습니다. 6·25전쟁을 통해 전체 국토가 전쟁터가 되었던 우리 땅 남녘 사회가 어떻게 소위 '한강의 기적'을 이루어 지금에 이를 수 있었습니까? 전쟁 후의 복구과정에서 경제가 발전하는 것은 예나 지금이나, 그리고 어느 나라나 마찬가지입니다. 때로는 이같은 전쟁 후의 경제발전을 어느 한 통치자의 공적처럼 말하기도 하는데, 전쟁이 끝나고 난 뒤에 그것을 복구하는 과정에서는 자연히 경제가 발전하게 마련인 겁니다.

전쟁 후의 경제발전은 자본주의 사회만의 일도 아닙니다. 가까운 예로 우리 북녘 땅을 들 수 있습니다. 전쟁 후의 복구과정을 통해 북녘 땅의 사회주의 경제도 1970년 대까지는 남녘보다 오히려 사정이 나았다고들 합니다. 전쟁 복구과정에서 사회의 모든 구성원이 힘을 모으고 우방국들의 도움을 받아 경제를 재건했던 겁니다. 그런데 북녘 땅의 경제가 왜 지금과 같은 상황이 되었을까요? 김대중·노무현 정부 십년간 이런저런 일로 북녘 땅을 오갈 기회가 많았는데, 그때 들은 이야기입니다.

북녘의 어느 학자가 말하기를, 소련과 동유럽이 무너지기 전에는 미국 달러 한푼 없이도 살 수 있었는데 소련과 동유럽이 무너지고 나니까 하루아침에 달러 없이는 아무것도 할 수 없는 세상이 되었다는 겁니다. 다시 말하면 소련과 동유럽이 무너지지 않았으면 전쟁 후에 복구된 북녘 땅 경제가 그렇게 쉽게 넘어질 리가 없었다는 말입니다. 북녘 땅이 미국 달러 중심의 세계체제로 편입되었으니 당연한 결과였겠지요. 어떻든 1970년대까지는 남녘 땅 경제보다 북녘 땅의 경제가 더 나았다는 것은 학계에서도 인정하고 있는 사실입니다.

요컨대 옛날이나 지금이나 다름없이, 또 어떤 체제건 사람이 사는 세상인 이상 전쟁과 같은 재난을 극복하고 재생하려는 의욕과 노력은 마찬가지라 하겠지요. 임진왜란 후의 조선왕조 사회라 해서 다를 것이 없었습니다. 일본 식민사학자들의 인식이나 주장과는 달리 임진왜란 이후의 우리 사회도 전쟁 후의 복구과정을 통해서 자본주의적 맹아가 자라나고 있었던 겁니다.

역사에는 가정이 있을 수 없다고는 하지만 더 나은 이해를 위해 가정을 해보자면, 임진왜란 이후 대중의 지지가 높았던 장군이나 의병장을 중심으로 하여 이씨왕조를 대신할 새로운 왕조가 성립되었더라면 우리 역사가 더 나은 방향으로 발전할 수 있었을지도 모릅니다. 그랬더라면 새 왕조의 이데올로그는 지금도 그 사상과 행적이 많이 연구되고 있는 선각적 실학자들이 되었을 겁니다.

그랬다면 우리 사회가 지금과는 완전히 달라졌을 텐데, 애석하게도 그렇게는 되지 않았습니다. 김덕령(金德齡), 김면(金沔) 등 이름있는 의병장들은 전쟁 때 죽거나 전쟁 후에 죽음을 당했고, 이순신(李舜臣)은 삼도수군통제사이면서도 전쟁이 끝나는 시점에 적탄의 위험이 있는 최전방에 서서 자살설까지 제기되는 전사를 했습니다. 노쇠한 조선왕조가 전쟁 후에도 지속되어 당론 중심 세상이 되었고, 18세기 영·정조 때에 가서 다소의 개혁의지가 나타났지만 정조가 죽고 19세기가 되면서 세도정치 시기로 들어갔습니다. 뒤이어 일본에 의해 강제로 문호개방이 이루어지고 나아가 강제병합으로까지 이어졌지요.

우리 역사가 일본 학자들이 말하는 대로 정체되고 후진된 역사가 아니라 세계사적 흐름과 같은 정상적 발전과정을 밟고 있었다는 사실을 밝혀내야 한다는 생각 때문에 수공업 매뉴팩처 대신 상인 매뉴팩처를 고증했고 그 결과로『조선후기 상업자본의 발달』이라는 박사논문을 썼지만, 의문은 여전히 남았습니다. 그렇게 자본주의 맹아가 생성되고 발달했는데, 왜 곧 남의 식민지가 되고 말았을까 하는 점입니다.

그래서 외세가 침입한 개항 후에 우리 상공업이 어떻

게 되었는가를 밝히기 위해서는 일본 쪽 자료가 불가결하기 때문에 1970년대 후반에 일년간 일본에 가서 『통상휘찬(通商彙纂)』 등 많은 자료를 구해왔습니다. 그러나 곧 일어난 박정희(朴正熙) 살해사건 이후의 소용돌이 정국 속에서 대학에서 해직되는 등 사정이 여의치 못하게 되어 개화기의 상업자본에 관한 저서를 남기지 못하고 만 것이 지금도 큰 후회거리로 남아 있습니다.

비록 개항은 되었다 해도 앞에서 지적한 것과 같은 조선왕조 후기 변화의 연장선상에서 정치적·경제적 변화가 없을 수 없었고, 정치적으로는 전제주의에서 벗어나 입헌군주제 혹은 공화제로 갈 가능성을 보였던 움직임이 적어도 세번은 있었다고 할 수 있겠습니다. 갑신정변이 첫번째입니다. 갑신정변 때 김옥균(金玉均) 등은 청국의 간섭을 벗어나 일본의 메이지유신과 같은 일을 벌이고자 했던 것 같습니다. 그런데 결국 임오군란 이후 서울에 주둔한 위안 스카이(袁世凱)가 거느린 청나라 군사 때문에 실패하고 우리가 알다시피 정변의 핵심 세력은 일본 등지로 망명했습니다.

그다음은 갑오개혁 때인데, 이때도 공화제는 아니더라도 입헌군주제로는 갈 수 있는 기회였다고 할 수 있겠습니다. 그런데 한 나라의 국왕이 아무리 목숨이 아까워도 그렇지, 남의 공사관에 가서 피신하는 소위 아관파천으로 무위가 되고 말았습니다. 그다음도 또 한번 기회가 있었습니다. 독립협회 때입니다. 그때는 실제로 공화제 이야기가 나오기도 했습니다. 그런데 역시 실현되지 않았고, 1897년에 조선왕조가 이름을 바꾸어 대한제국이 되었지만 대한제국 역시 입헌군주제가 아닌 전제군주제였습니다.

그래서 우리 역사에는 일본의 메이지유신 같은 것도 없고 중국의 신해혁명 같은 것도 없습니다. 조선왕조는 결국 전제군주제인 채로 일본에 의해 멸망하고, 우리 땅 전체가 20세기에 들어온 시점에 남의 식민지가 되고 만 것입니다.

19세기 말엽과 20세기 초엽을 통해서 우리 사회가 입헌군주제나 공화제 같은 변혁을 이루어내지 못하고 식민지로 전락했다는 사실을 세계사적 견지에서 말하자면, 공화제는 말할 것도 없고 입헌군주제도 이루어낼 수 없을 만큼 이른바 민족부르주아지가 제대로 성장하지 않았기 때문이라 할 수 있겠습니다. 그리고 이른바 민족부르주아지가 그만큼 성장하지 않았다는 것은 그만큼 자본주의적 발전이 이루어지지 않았다는 말이 되겠고, 자본주의 발전이 제대로 안 되었다는 것은 또 공장 노동자 중심의 이른바 프롤레타리아트 계급이 별로 성장하지 못했다는 말이 되겠지요.

일본 제국주의의 우리 땅 지배가 농촌 빈민, 화전민, 토막민(土幕民), 공사장 막일꾼, 실업자 등을 양산한 사실을 논증한 것이 1987년에 창비사에서 출판된 『일제시대 빈민생활사 연구』였습니다. 이른바 대동아전쟁 긍정론이니 식민지 근대화론이니 하는 것이 나올 무렵의 일이었지요.

자본주의가 발달해야 공장이 생기고, 그 공장에 노동

자가 고용되고, 그래야 조직노동자층이 형성될 텐데 그것이 안 되었다는 거지요. 그런 상태로 나라를 빼앗기는 상황이 되고 말았습니다. 그렇다면 빼앗긴 나라를 도로 찾아야 하는데, 그 일을 주도할 사회계층은 어느 계층이 되어야 하겠습니까? 이른바 민족부르주아 계급도 제대로 형성되지 않았고 또 이른바 프롤레타리아트 계층도 제대로 형성되지 않은 상황이면 말입니다.

결국 의식있는 지식계급, 즉 '합방' 이전 사회에서 애국계몽운동을 하던 사회계층이 그 일을 담당할 수밖에 없었습니다. 그리고 그들이 분화해서 좌익도 되고 우익도 되었지만 그 어느 쪽도 일반 민중과의 연결은 제대로 해내지 못했다고 하겠습니다. 일제강점기를 통해 나타난 좌익 측 독립운동도 국내 민중층과의 연결은 대단히 약했습니다. 그래서 다음에서 구체적으로 밝히겠지만 일제강점기 전체 과정을 볼 때 우리 독립운동은 좌익만도, 또 우익만도 아닌 좌우합작운동이 될 수밖에 없었다고 할 수 있습니다.

역사에서
무엇을
배울 것인가

잃었던 나라를 되찾는 일을 주로 의식있는 지식계급이 맡았으나 농민이 중심이던 일반 민중과의 연결이 약했던 이와 같은 상황에서 일어난 것이 3·1운동이라 할 수 있을 겁니다. 3·1운동을 일으킨 핵심은 애국계몽운동의 후속 세력이라 할 민족대표 33인이었지만, 3·1운동을 전국적 운동으로 확대한 핵심은 따로 있었습니다. 바로 학생들과 일부 민중들입니다. 아직 좌익과 우익으로 구분되기 전의 일부 의식있는 사람들이 일본에 저항해서 일어난 것이 3·1운동입니다. 한마디로 말하면 깨어난 민중들의 운동이지요.

3·1운동 이후 독립운동의 주체로 상해임시정부가 조

직됩니다. 피지배층이 없는 임시정부는 아무래도 지식인
들 중심으로 조직될 수밖에 없었습니다. 우익의 대표 격
으로 이승만(李承晩)이 대통령이 되었고 좌익의 대표 격으
로 조선사회당 당수 이동휘(李東輝)가 국무총리가 되었습
니다. 3·1운동까지는 좌우익 구분이 없었지만 대한민국임
시정부가 성립될 때는 어느정도 좌익과 우익의 구분이 있
었고, 그러면서도 이미 좌우합작운동으로 시작되었다고
할 수 있을 것입니다.

　민족독립운동의 주동 세력도 아직은 좌우가 명백히
구분된 것이 아니라 말하자면 단초적 구분이 이루어진 상
태였지만, 독립운동은 처음부터 좌익 세력만이나 우익 세
력만으로 주도할 수 있는 것이 아니라 전체 민족적 역량
에 의해 이루어져야 한다는 인식이 있었습니다. 그 때문
에 민족사상 최초의 조직적 독립운동 지도체인 대한민국
임시정부가 좌우합작으로 이루어진 것입니다. 이후 상해
임시정부는 좌우 분열도 겪고 위기도 겪었지만, 해방이
가깝게 전망되면 될수록 좌우합작을 이루어갔습니다.

3·1운동 당시 동대문 앞에 모인 시위 군중의 모습.

잘 알다시피 상해임시정부는 조직되고 얼마 지나지 않아 임시정부를 해산하고 새로운 정부를 만들어야 한다는 창조파와 현재의 임시정부를 고쳐서 다시 써야 한다는 개조파가 대립하면서 그 기능이 약해지는 등 우여곡절을 겪었습니다. 그래서 1920년대 들어서서 해외 지역에서 민족유일당운동이 일어났는데, 이 역시 좌우합작운동이었습니다. 대체로 민족유일당운동보다 신간회운동이 더 알려져 있는데, 신간회운동은 국외에서 일어난 민족유일당운동의 국내판이었습니다. 먼저 중국 '만주' 지역의 독립운동전선에서 민족유일당운동이 일어났고 그 하나의 국내 조직체로서 신간회운동이 일어난 것입니다.

　어느 국사학자가 신간회운동에 대해 민족주의자들이 사회주의자들과 협동해서 무슨 일을 하려 하면 실패할 수밖에 없다는 것을 보여주는 표본이라 쓴 글을 읽은 기억이 있습니다. 그러나 임시정부의 활동이 일시 침체했을 때 일어난 국내외 좌우합작운동의 실상을 살펴보면 그렇게 말하는 것이 얼마나 잘못인지 잘 알 수 있습니다.

신간회의 해체는 신간회 내부 문제 때문만이 아니었습니다. 1930년대에 들어서서 일본 제국주의가 '만주'를 침략하면서 파쇼체제화하고 국내 운동에 대한 탄압이 극심해짐으로써 신간회의 활동이 불가능해졌기 때문입니다. 일본 제국주의의 파쇼체제화로 국내의 '표면운동'이 불가능한 상황이 되었고, 그래서 1931년에 신간회가 해체되었습니다. 물론 신간회 일부에서 타협주의적 기미가 일어나긴 했지만, 그것만을 해체의 원인으로 보기에는 무리가 있습니다.

국내에서의 좌우합작운동이 어렵게 되자 해외에서 민족유일당운동을 대신하는 좌우합작운동이 다시 일어났습니다. 1932년에 한국독립당, 조선혁명당, 의열단, 한국광복동지회 등의 단체들이 모여 한국대일전선통일동맹을 성립시켰고, 그것이 발전해서 1935년에 조선민족혁명당이 조직된 것입니다.

이쯤에서 한번 물어보겠습니다. 여러분은 우리 근대사에서 3·1운동, 상해임시정부, 안중근, 윤봉길, 김구 등의 활동 이외에 더 알고 있는 것이 얼마나 있습니까? 우리가 우리 역사 공부를 제대로 안 해서이기도 하고, 해방 후에도 제국주의 일본의 학자들이 잘못 엮어놓은 역사를 그대로 가르친 경우가 많았기 때문이기도 하고, 우리 근현대사가 어둡게 엮어진 부분이 있기도 하고, 특히 민족해방운동사의 경우는 제대로 연구되고 또 서술되지 않은 부분이 많기도 하고, 해방 후 분단시대의 역사학이 독립운동도 좌우익이 따로 했거나 대립만 해온 것처럼 엮고 가르치기도 했기 때문입니다.

식민 지배자들은 피지배민들의 민족적 자존심을 철저히 훼손시키려고 합니다. 그래야 피지배자가 쉽게 굴복하고 독립운동 같은 것이 일어나지 않을 것이기 때문입니다. 그래서 앞서 말한 것처럼 일제강점기 학교교육에서는 우리 역사를 전혀 가르치지 않았고, 학문적으로 우리 역사를 논한다 해도 조선의 역사는 정상적인 역사가 아니다, 일본이 들어올 때까지 고대사회 상태에 있었다, 조선 사람들은 밤낮 당쟁만 했다는 식으로만 말하고, 특히 독

립운동사는 전혀 연구하지도 못하고 가르치지도 못하게
한 겁니다. 결국 '조선 사람 너희들은 일본의 지배를 받을
만한 민족이다' 하는 점을 주입시켜 식민 지배를 쉽게 하
려는 목적이었던 겁니다.

그렇기 때문에 해방된 민족사회의 역사학은 무엇보
다도 먼저 좌우익을 막론한 독립운동사를 엮어서 국사 과
목의 일부가 아닌 '민족해방운동사'라는 별도 과목으로
가르침으로써 식민 피지배기간을 통해 땅에 떨어진 민족
적 자존심을 단시일에 회복해야 했습니다. 그런데 해방
직후에는 그런 의식도 없었을 뿐 아니라, 설령 의식이 있
었다 해도 독립운동사를 쓸 만한 역사학자가 없었습니다.
해외에서 독립운동을 하면서 우리 역사를 전공한 신채호,
박은식 같은 분들이 해방 후에 살아돌아왔다면 독립운동
사를 써서 가르칠 수 있었을 테지만, 그분들은 해방 전에
이미 돌아가셨지 않습니까.

일제강점기에 국내에서 우리 역사를 공부한 학자들
은 대부분 고대사 아니면 중세사를 연구했습니다. 일제강

점기 당시의 우리 근대사는 일본이 침략해 들어오는 과정이었고 현대사는 일본이 강제지배하는 과정이었습니다. 그러니 그걸 조선인 학자가 연구했다가는 감옥 가기 바빴을 겁니다. 일제강점기에 근대사를 전공했던 분이 이선근(李瑄根) 선생인데, 그분은 민비와 대원군의 관계를 연구했다고 알고 있습니다. 또 한분 김상기(金庠基) 선생은 일제강점기에 와세다 대학에서 졸업논문으로『동학과 동학란』을 썼습니다. 그러나 해방 전에는 책으로 나올 수 없었고 해방 후에야 책이 나왔습니다.

우리 근대 국사학계의 제2세대는 주로 일제강점기에 대학을 다니다가 해방 후 국내에서 대학을 졸업하고 교수가 된 한우근(韓㳓劤), 이기백(李基白), 김철준(金哲埈), 손보기(孫寶基) 같은 분들입니다. 그러나 이분들은 모두 독립운동사나 자본주의 맹아론 같은 것을 전공한 사람들이 아닙니다.

남쪽 국사학계에서 독립운동사나 자본주의 맹아론 연구는 그다음 세대, 즉 주로 6·25전쟁 때 대학에 들어간

세대들이 본격적으로 시작했습니다. 조동걸(趙東杰), 윤병석(尹炳奭) 교수 등이 해방 후 국내 연구자로서 독립운동사 연구의 문을 열었다고 할 수 있습니다. 그리고 한편에서는 같은 세대인 나나 김용섭 교수 등이 앞에서 말한 것과 같이 자본주의 맹아론을 연구함으로써 식민사학을 극복하려 했던 겁니다. 그러니 중고등학교에서 독립운동사를 독립 과목으로 가르칠 형편은 전혀 아니었습니다.

그리고 학교교육에서 국사의 일부분으로 독립운동사를 가르칠 때도 민족분단으로 인해 주로 우익 독립운동사만을 가르쳤습니다. 그러나 다음에서 상세히 말하겠지만 일제강점기의 우리 독립운동전선에는 우익전선과 함께 좌익전선도 있었고, 해방 후에 하나의 국가를 수립할 것이 너무도 당연했기 때문에 민족유일당운동과 신간회운동 이후에도 독립운동전선, 특히 국외전선은 좌우익 통일전선운동으로 발전해갔습니다.

일본 제국주의자들이 중일전쟁과 태평양전쟁을 도발함으로써 우리 민족의 해방과 독립이 한층 가깝게 전망되자 우익 정부로 구성되어 있던 대한민국임시정부도 좌우익 통일전선정부를 이루었고, 이 통일전선 임시정부가 중국 공산군 지역인 연안(延安)에 있는 조선독립동맹과도 통일전선을 이루려 했으나 곧바로 일본 제국주의가 패망함으로써 구체적으로 실현되지는 못했습니다.

불행한 민족분단을 극복하고 평화통일을 지향해야 할 지금에는 독립운동사 교육에서 좌익 독립운동도 가르쳐야 하고, 특히 좌우익 통일전선 독립운동을 적극적으로 가르쳐야 한다는 생각이지만 그렇게 되지 못하고 있는 현실이 안타깝습니다. 심지어 박근혜 정부가 박정희 정부가 그랬던 것처럼 중고등학교 국사교과서의 국정화를 기도하고 있는 것이 우리 현실입니다. 그 교과서에서 어떤 독립운동사가 서술되고 교육될지 궁금할 뿐입니다.

분단시대
역사학을
세우다

국사 공부가 깊어지면서 식민사학 극복만으로는 우리 역사학의 부족한 점을 제대로 메울 수 없다는 생각을 하게 되었습니다. 일제강점기를 벗어나서 시일이 많이 지났는데도 역사 연구가 언제까지나 식민사학 극복론에만 한정될 수는 없는 일이었습니다. 해방 후 민족사회가 불행하게도 분단시대를 맞고 민족상잔을 겪게 되었는데, 역사학이 그런 현실을 외면한 채 일제강점기와 달리 아무 제약 없이도 연구하고 논술할 수 있게 된 식민사학 극복론에만 안주하고 있어도 괜찮은가 하는 생각도 있었습니다.

일제강점기에 해외에서 독립운동을 하면서 우리 역사를 연구한 분들은 자기 시대의 역사인 독립운동사를 연구하고 서술했는데, 해방 후의 역사학이 자기 시대를 연구하지 못하고 계속 옛이야기만 해도 되는가 하는 생각이었습니다. 그래서 내가 살고 있는 불행한 민족분단시대도 역사 연구의 대상이 되어야 한다는 생각을 절실히 하게되었고, 그것이 분단시대 사학이 태어나는 계기가 되었습니다. 그때까지도 '해방후시대'로만 불려오던 1945년 이후의 시대를 '분단시대'라고 이름 붙인 것은 내가 처음이아닌가 하는데, 1974년 『창작과비평』 겨울호에 쓴 글에서였습니다.

해방을 맞이한 1945년이 우리 역사에서 시기 구분의 커다란 분수령이 되리라는 점은 쉽게 짐작할 수 있을 것입니다. 그러나 1945년 이후의 사학사(史學史)가 어디에서 또 시기 구분의 근거를 구할 수 있을지는 쉽게 말할 수없겠지요. 다만 앞으로 전체 민족 구성원이 염원하는 통일된 민족국가를 수립하는 때가 바로 1945년 이후 사학사시기 구분의 또 하나의 큰 분수령이 되리라는 것은 쉽게짐작할 수 있습니다.

그렇다면 1945년 이후부터 민족의 통일, 그것도 6·25 전쟁으로도 이루어지지 않은 전쟁통일이 아닌 평화통일이 이루어져야 할 앞으로의 어느 시기까지를 역사적으로 '분단시대'라 하는 것이 좋겠다고 생각했습니다. 그때까지 일반적으로 사용되어오던 '해방후시대'와는 달리 '분단시대'라는 용어는 통일을, 그것도 평화통일을 반드시 이루어야 한다는 민족적 염원이 담긴 역사용어라 할 수 있습니다. 그리고 해방후시대는 끝나는 시점이 없는 시대지만 분단시대는 끝나는 시점인 민족통일시대를 반드시 가져올 '역사적 시대'인 것입니다.

　　이 무렵 나의 문제의식은 우리 역사학이 시급히 연구해야 할 또 하나의 분야는 민족분단문제와 통일문제지 식민사학 극복론에만 한정될 것이 아니라는 것이었습니다. 그리고 독립운동사도 물론 연구해야 하지만 더 나아가서 '분단극복사'를 연구해야 한다는 것이었습니다. 일제강점기에 민족독립은 미래의 문제였지만 독립운동사를 연구하고 또 엮음으로써 독립 의지를 강화할 수 있었습니다.

마찬가지로 민족분단시대의 통일문제 역시 미래의 문제지만 평화통일문제를 연구하고 그 운동의 전개과정을 제대로 다루기 위해서는 그에 앞서 우리 민족이 왜 분단되었는가를 정확하게 알아야 한다는 생각이었습니다.

민족의 분단은 그전에 우리가 일본의 식민지가 된 것에서 비롯되었다 할 수 있습니다. 그리고 일본 제국주의가 자본주의 국가 미국과 사회주의 국가 소련에 의해 패망함으로써 해방과 함께 우리 국토가 분할점령되었고, 비록 일제강점기 독립운동과정에서 좌우익 통일전선 독립운동이 있었지만 연합국들의 분할점령에 의해 민족사회가 다시 좌우익으로 심하게 나뉜 것입니다. 이러한 과거의 역사적 사실이 곧 역사학의 대상이 되어야 함은 당연하다 할 것입니다.

분단시대라는 말을 『창작과비평』에 처음 쓸 당시는 1972년 7·4 남북공동성명이 발표되어 비로소 진보당 당수 조봉암(曺奉巖)이 내세운 것과 같은 평화통일론이 죄가 되는 상황은 면해져가던 시점이었습니다. 물론 박정희 유신

정부는 실제로는 진정한 의미의 평화통일이 아닌 반공통일, 흡수통일을 지향하고 있었습니다. 그러나 7·4 남북공동성명 이후로는 평화통일론이 '이적론'이 되던 상황에서 벗어나 조봉암의 죽음 같은 일이 또 발생하지는 않게 되었습니다.

『역사가의 시간』이라는 자서전에서 상세히 썼지만, 내가 분단시대라는 용어를 처음 쓴 『창작과비평』의 글은 천관우(千寬宇) 선생의 『한국사의 재발견』이라는 책에 대한 서평이었습니다. 천관우 선생은 해방 후에 배출된 제1세대 역사학자 중 대표적인 사람이며, 따라서 그의 역사학은 하나의 시기적 특징을 가진다고 생각했습니다.

천관우 선생은 이병도 선생의 제자이면서 실학 연구를 했습니다. 대학 졸업논문이 유형원(柳馨遠) 연구였는데, 아주 잘 쓴 논문이었습니다. 사학계에서의 위치도 좀 독특해서, 또 해방 후에는 민족주의 사학을 계승한다고 했습니다. 민족주의 사학이라는 것은 요즘 말로 표현하면 우익사학 정도로 볼 수 있지 않을까 합니다.

『창작과비평』에 쓴 글에서는 천관우 사학을 좌우익 이전에 분단시대 사학이라 했습니다. 우리 민족사회는 반드시 남북문제, 통일문제를 해결해야 하는데, 지금의 시대를 해방후시대라 하는 것은 너무 막연할 뿐 아니라 역사적 용어라고 하기 어려우므로 통일의지가 담긴 분단시대라 하자는 주장이었습니다.

반공주의나 대북적대주의, 대남적대주의에 고착된 시대가 아니라 민족사회 전체가 평화통일을 전망하고 지향하면서 반드시 극복해야 할 시대로서 분단시대를 정의하고 지금 우리의 역사학이 무엇을 해야 할 것인가를 논의하는 논설문과 논문을 그뒤로도 여러곳에 게재했습니다. 그 글들을 모은 것이 1978년 창작과비평사에서 출판된 『분단시대의 역사인식』이라는 책입니다. 그다음부터는 해방후시대라는 용어보다 분단시대라는 말이 더 많이 쓰이게 되었습니다.

분단시대 역사학이
추구해야 할 일들

해방 이후를 분단시대라 명명한 후부터는 '분단시대 사학이 무엇을 해야 하느냐' 하는 데 연구를 집중했습니다. 그때만 해도 우리 세대가 접한 독립운동사는 둘로 나뉘어 있었습니다. 우익 중심의 독립운동사와 좌익 중심의 독립운동사가 그것입니다. 그런데 연구를 더해갈수록 우리 독립운동사를 좌우로 나누어놓고는 제대로 설명할 수가 없다는 것을 알게 되었습니다. 앞서 이야기한 것처럼 초기와 말기의 대한민국임시정부운동도, 그리고 신간회운동과 민족유일당운동도, 민족혁명당운동도 모두 좌우합작운동이었습니다. 그리고 중국 공산군 지역 연안에 있던 조선독립동맹도 좌우합작에 찬성했음을 알게 되었습니다.

마치 물과 기름처럼 서로 어울릴 것 같지 않던 좌익 독립운동 세력과 우익 독립운동 세력이 왜 일제강점기에 좌우합작운동을 하게 되었는지 궁금하지 않습니까? 독립운동에 몸 바친 분들은 해방이 된 후 두 개의 나라가 생기리라고는 꿈에도 생각하지 않았습니다. 해방 후에는 당연히 하나의 나라를 세워야 하는데, 독립운동전선에 좌익도 있고 우익도 있는 것이 현실이니까 이 두 전선을 합쳐야 한다고 생각한 겁니다. 일본 제국주의의 패망이 가깝게 전망되면 될수록 이런 생각이 강하게 일어났고, 특히 해외전선에서 더욱 그랬습니다.

알다시피 당시 우리의 독립운동 근거지는 대부분 해외에 있었습니다. 임시정부도 상해에 있다가 일본군에 쫓겨 중경(重慶)으로 갔고, 무장독립투쟁 세력도 모두 해외에 있을 수밖에 없었습니다. 앞에서도 말했지만 우리는 국토가 좁기도 하고 또 전체 국토가 일본에게 점령당한 지 오래되기도 해서 국토 안에 해방구를 가지거나 게릴라 부대를 둘 수가 없었던 겁니다. 국토 안에 해방구를 가지고 게릴라 투쟁을 할 수 있었다면 해방 후 우리 민족의 처지가 달라졌을 거라고 했지요. 그래서 독립운동 세력은 일차적으로 '만주' 벌판을 해방구로 삼아서 봉오동전투, 청산리전투 등을 감행했던 것입니다.

그런데 '만주'도 더이상 해방구가 될 수 없는 상황이 되었습니다. 1931년에 일본군이 '만주'를 완전히 점령함으로써 우리 독립운동 세력이 우리 국토에서 더 멀리 옮겨가지 않을 수 없게 된 것입니다. 그래서 광복군은 중경으로 가고, 좌익 계열의 조선독립동맹군은 북부 중국에서 활동하고, 또다른 좌익 계열의 조선인민혁명군은 시베리아로 갔습니다. 이 사실이 우리 역사에서는 참 불행한 일이었습니다. '만주'가 해방구 역할을 했으면 일본 제국주의가 망해갈 때쯤 독립군 부대의 일부라도 국내에 잠입하여 게릴라 활동 정도는 할 수 있었을 것이며, 그랬다면 해방 후 우리 민족사회의 처지가 달라졌을 겁니다. 유럽에서 프랑스의 경우와 비교해보면 그 차이점을 이해할 수 있습니다.

　프랑스도 전국토가 나치 독일에 점령당했지만 드골(Charles de Gaulle)이 일부 군인을 데리고 영국으로 망명해서 자유프랑스군을 조직했습니다. 우리보다는 조건이 좀 좋았던 것이, 알제리 같은 곳에 식민지를 가지고 있어서 거기에서 군대를 조달할 수가 있었고, 독일에 지배당한 것이 불과 오년밖에 안 되어 국내에도 게릴라가 있을 수 있었습니다. 실제로 빠리를 해방시킨 것은 프랑스 국내 게릴라였고, 자유프랑스군이 연합군의 상륙작전에 참가하기도 했습니다. 그래서 비록 전국토가 독일에게 지배당했지만 전쟁 후에는 당당한 전승국이 되어 독일 분할에 참가했습니다. 우리하고는 조건이 크게 달랐던 겁니다.

　우리도 전승국 대열에 들기 위한 노력을 하지 않았던 것은 아닙니다. 그 어려운 조건 속에서도 멀리 중국 국부군 지역 중경에 광복군이 있었고, 중국 공산군과 함께 싸운 조선독립동맹군이 있었으며, 시베리아에는 조선인민혁명군이 있어서 국내에서 게릴라 활동을 하기 위해 많은 노력을 했습니다. 그러나 어느 부대도 일본이 패전하기 전에 국내로 침투해와서 해방을 맞이하지는 못했습니다.

구체적인 예를 들어보지요. 해방 직전에 국내에서 비밀조직인 건국동맹을 조직한 여운형(呂運亨)은 괴뢰 만주국군 안의 조선인 장교들로 비밀 써클을 만들어 중국 태항산에서 싸우고 있는 조선독립동맹군과 연결해서 국내로 진공하게 하려 했습니다. 만주 군관학교 출신의 박승환(朴承煥), 최남근(崔楠根) 같은 사람들이 여운형의 비밀 조직원으로 활동하면서 국내 침공을 준비했습니다. 그러나 그 계획이 이루어지기 전에 일본이 항복해버리고 말았습니다.

이렇게 1930년대 이후 '만주'가 일본군에게 점령당함으로써 과거와 같은 게릴라 전투장 및 해방구로서 구실을 못하게 된 것이 우리 독립운동전선에 큰 지장을 준 것입니다.

군사적으로는 국내에 게릴라를 침투시킬 수 없었지만, 정치 쪽에서는 앞서 말한 것처럼 좌우합작운동이 추진되었습니다. 먼저 1935년에 좌우가 합작해서 조선민족혁명당을 조직했습니다. 그런데 거기에는 김구(金九) 중심 세력은 들어가지 않았습니다. 조선민족혁명당이 임시정부까지 없애려고 했기 때문이었습니다. 완전히 조선민족혁명당 중심으로 독립운동을 하자는 생각이었던 겁니다.

1937년에 중일전쟁이 발발하자 국외에서 독립운동을 하던 사람들은 우리 민족의 해방이 가까워지고 있음을 인식하고 통일전선운동에 더욱 힘을 쏟습니다. 구체적으로 살펴보면 먼저 1937년에 한국국민당 등의 우익 세력이 전선 통일을 이루어 한국광복운동단체연합회가 성립되었습니다. 일단 우익전선이 연합전선을 이룬 것이지요. 그리고 같은 해에 조선민족혁명당, 조선무정부주의연맹 등 좌익 세력이 통일하여 조선민족전선연맹을 조직했습니다.

이 과정을 구체적으로 연구한 것이 1991년에 화평사에서 처음 출판되고 2003년에 역사비평사에서 증보 출판된 『조선민족혁명당과 통일전선』입니다. 우리 민족의 독립운동이 해방이 가까워질수록 단일민족국가를 수립하기 위한 좌우합작운동으로 되어갔음을 논증한 '분단시대 역사학'의 구실의 하나였다고 하겠지요.

중일전쟁 발발에 고무되어 좌우익 통일전선을 이루어가던 우리 독립운동전선은 1941년 태평양전쟁이 일어나자 이제는 일본의 패망에 대비해야 한다는 것을 더욱 실감하게 됩니다. 그래서 좌익 세력들이 종래 우익 중심이던 임시정부에 들어가서 그 국무위원이 됩니다. 해방이 눈앞에 보이게 되면서 대한민국임시정부가 좌우합작정부가 된 것입니다. 김구가 주석, 김규식(金奎植)이 부주석이 되고 김성숙(金星淑)처럼 중경 지역 독립운동 세력 중에서 가장 좌측에 있던 사람과 아나키스트 유림(柳林)도 국무위원이 되고 의열단 단장이었던 김원봉(金元鳳)도 임시정부 군무부장이 되었습니다. 그리고 한국광복군도 김원봉이 제1지대장, 이범석(李範奭)이 제2지대장이 되어 좌우합동군이 되었습니다.

김규식이라는 분은 아주 특이한 이력을 가진 분입니다. 그는 미국에서 대학을 졸업했으면서도 이승만처럼 미국에 머물면서 활동하지 않았습니다. 일본인들의 대학 교수직 제의를 물리치고는 중국에 망명해서 평생 일본군에게 쫓겨다니면서 독립운동을 했습니다. 망명하기 전에는 새문안교회의 장로였는데 후에 조선민족혁명당 당수도 맡았고 모스끄바에도 가는 등 진보적인 사람이었습니다.

이렇듯 독립운동 시기에 좌익전선과 우익전선은 대립한 채 따로따로 행동한 것이 아니라 민족의 독립을 위해 사상의 좌우를 넘어 하나의 세력권을 이루고 함께 투쟁했습니다. 불행하게도 이런 사실들이 해방 후 분단시대의 국사 교육에서는 제대로 가르쳐지지 않았지만 말입니다.

불행한 분단시대에 사는 의식있는 민족 구성원이라면 독립운동전선의 좌우익 통일전선운동과 해방공간의 남북협상의 의미를 제대로 알고, 그 전통과 정신을 이어받아 이제는 남북합작의 통일국가를 이루기 위한 평화통일운동의 주도자가 되어야 할 것입니다. 그래서 올바른 역사 인식과 역사 교육이 강조되는 것이며, 분단시대 역사학의 임무와 보람이 바로 여기에서 찾아지는 것입니다.

불행한 분단시대에 사는 의식있는 민족 구성원이라면 남북합작의 통일국가를
이루기 위한 평화통일운동의 주도자가 되어야 할 것입니다.
분단시대 역사학의 임무와 보람이 바로 여기에서 찾아지는 것입니다.

일제강점기 독립운동전선에서 우익 중의 우익이었던 백범 김구 같은 사람이 민족의 독립이라는 큰 목적을 위해 좌우합작 통일전선운동의 중심에 섰던 사실도 분단시대의 역사 교육은 제대로 가르치지 않았습니다.

대한민국임시정부가 내세운 건국강령을 보면 그 안에 좌익적 요소와 우익적 요소가 함께 들어 있는 것을 알 수 있습니다. 대한민국임시정부는 해방 후 국내에서 적용할 정강 정책으로 세가지 혁명을 내세웠습니다. 토지혁명과 기업혁명과 인간혁명이 그것입니다. 토지는 농민에게 돌려주어야 하고, 중요 기업은 국영으로 하며, 친일파를 철저히 숙청한다는 점에서는 좌익전선과 우익전선이 전혀 다르지 않았던 겁니다. 비록 연합국의 승인을 받지 못했지만 만약 대한민국임시정부가 해방 후에 남북을 아우르는 정부가 되었더라면, 또는 설령 남쪽만의 정부가 되었다 해도 이승만 정부와는 달리 무엇보다도 인간혁명, 즉 친일파 숙청은 철저히 단행함으로써 이후 우리 역사의 청결성이 보장되었을 겁니다.

그런데 우리 역사는 애석하게도 다른 방향으로 흐르고 말았습니다. 김구 같은 사람이 살해당하는 세상이 된 겁니다. 김구는 누가 무어라 해도 우익 중의 우익 독립운동가입니다. 그런데도 해방되어 돌아온 조국이 남북으로 분단되려 하자 김규식 등과 함께 좌익 세력이 정권을 쥐고 있는 평양에 가서 남북협상에 참가합니다. 그리고 이승만을 대통령으로 한 대한민국이 성립되자 유엔에 대해 남북에 하나의 국가를 만들기로 해놓고 왜 두개의 분단국가를 만들었느냐고 항의하고, 1948년 유엔 총회가 열리는 프랑스 빠리에 김규식을 항의 사절로 파견하려 하다가 결국 흉탄에 쓰러지고 말았습니다.

1948년에 남녘만의 선거로 이승만 정부가 성립되면서 헌법을 제정하고 그 전문(前文)에서 분단국가 대한민국이 대한민국임시정부의 법통을 이어받는다고 하자 신문기자들이 김구를 찾아가서 그 문제에 대한 의견을 물었습니다. 그러자 김구는 "현재 국회의 형태로서는", 즉 반쪽만의 정부로서는 어느 쪽도 대한민국임시정부의 법통을 이어받을 수 없다고 명백히 말했습니다. 그리고 그는 다음해인 1949년 마수에 의해 살해되고 말았지요.

어떻든 해외에서 독립운동을 하던 사람들은 모두 해방 이후를 대비하고 있었습니다. 대한민국임시정부가 중국 공산군 지역에서 활동하는 좌익 세력과의 연합을 위해 국무위원 장건상(張建相)을 파견한 일도 반드시 역사에 남아야 합니다. 해방 후에 귀국해서 정치활동을 하기도 한 장건상은 미국 대학을 졸업했으면서도 중국에 가서 고려 공산당과 대한민국임시정부 외교부에서 활동한 진보적인 사람입니다.

해방 전에 김구 주석의 대한민국임시정부는 국무위원 장건상을 연안에 보내 중국 공산군 쪽에 있는 김두봉(金枓奉), 최창익(崔昌益), 허정숙(許貞淑) 같은 사람들이 중심인 조선독립동맹과 통일전선을 이루기 위한 역할을 맡겼습니다. 장건상은 조선독립동맹 측에 임시정부와의 합작을 제안했고, 조선독립동맹 측은 이를 받아들였습니다. 그래서 김두봉이 중경에 가서 김구를 만나 합작 서명을 하기로 했는데 자고 나니 8·15가 되어버렸습니다. 너무 늦은 것이죠.

김구의 『백범일지』 마지막 부분을 보면 이에 대한 아쉬움이 크게 묻어나는 대목이 있습니다. 김구는 수년간 애써 참전할 준비를 한 것이 허사가 되었다며 "하늘이 무너지는 듯한 일"이라고 탄식했습니다. 일본의 학병으로 끌려갔다가 목숨을 걸고 탈출해서 임시정부를 찾아온 장준하(張俊河), 김준엽(金俊燁) 등을 광복군에서 훈련시켜 국내에 투입함으로써 게릴라 활동을 벌이게 하려던 계획이 미처 실행되기 전에 일본이 항복하고 말았으니, 우리가 응분의 대우를 받지 못하리라는 사실을 김구는 알았던 겁니다.

해방 전에 미국은 이미 해방 후 우리 땅을 일본 영토에서 분리하되 바로 독립시키지는 않고 신탁통치하기로 결정하고 있었습니다. 여기에는 잘 알려지지 않은 또다른 이야기가 있습니다. 중국의 장 제스(蔣介石) 국민당 정부가 중경에 피난해서 싸울 때의 일입니다. 미국 국무부가 중경에 파견된 미국 외교관에게 그곳에 있는 대한민국임시정부가 어떤 단체인지 조사해서 보고하라는 지시를 내렸습니다. 이때 중경 주둔 미국 외교관이 대한민국임시정부의 외교부장 조소앙(趙素昻)을 만나 조사한 내용을 본국에 보고한 것이 남아 있습니다.

그 내용은 '중경에 대한민국임시정부라는 것이 있기는 한데 조선 사람들의 독립운동 세력 전체를 대표하지는 못하는 것 같다. 들리기에 시베리아에 조선 군대가 2개 사단인가가 있다고 한다. 중국에 있는 조선 군대는 그렇게는 못 된다' 하는 것이었습니다. '중국에 있는 조선 군대'는 곧 한국광복군을 말하는 것이겠지요. 그리고 시베리아에 있다는 2개 사단은 조선인민혁명군 부대가 아닌가 하는데, 그 수가 과장되어 보고되지 않았나 합니다.

동북항일연군 제6사, 즉 김일성(金日成) 부대원의 전체 수가 정확하게 밝혀지지는 않은 것 같은데, 대개 600명선이고 많이 보는 경우는 3400명 정도까지 말하는 듯합니다. 그런데 어찌 된 건지 2개 사단이 있다고 알려진 겁니다. 어떻든 보고의 핵심은 대한민국임시정부가 조선 사람들의 독립운동 세력을 대표하지 못한다는 것이었습니다. 그래서 미국이 대한민국임시정부를 끝까지 승인해주지 않은 것 같습니다. 또 미국은 이미 해방된 조선을 신탁통치한 후에 독립시킨다는 결정을 내려놓고 있기도 했습니다.

이와 같은 상황에서 해방이 되고 38도선이 그어지고 분단국가가 생기고 민족상잔의 전쟁마저 일어났습니다. 그러나 지금은 한때의 기복이 있기는 하지만 지난 2000년 6·15 남북공동선언 등을 통해 평화통일이 지향되고 있는 시점입니다. 이런 시점에서 국사 서술과 국사 교육에서는 일제강점기 독립운동과정에서 좌우합작투쟁이 활발했던 사실 등이 더 소상히 밝혀지고 또 교육되어야 할 것입니다. 그것이 분단시대 역사학이 연구하고 교육해야 할 무엇보다도 중요한 문제라고 생각하기 때문입니다.

한편, 태평양전쟁 막바지에는 일본의 상황도 당연히 좋지 않았습니다. 일본 본토가 대대적인 공습을 받기 시

동북항일연군 대원들. 둘째 줄 중앙이 김일성.

작한 겁니다. 이전에도 천황에 대한 항복 건의가 있었지만, 전쟁 막바지에 수상이 된 스즈끼 칸따로오(鈴木貫太郎)도 이제는 도저히 더이상 전쟁을 계속할 수 없으니 항복해야 한다고 천황에게 건의했습니다. 그러고는 1945년 8월 6일 히로시마에 원자탄이 투하되었고, 9일에는 나가사끼에도 투하되었습니다.

상황이 이렇게 되자 소련이 다급해졌습니다. 이미 연합국들과 참전 약속은 했지만, 원자탄 투하 등으로 소련이 참전하기 전에 일본이 항복해버리면 전쟁 후 동아시아지역에서 소련의 형세가 불리해지고 러일전쟁으로 잃은 이권을 되찾기 어려워질 것이 뻔했기 때문입니다. 그래서 소련은 부랴부랴 8월 8일 밤 11시에 일본에 선전포고를 하고 8월 9일에 전투 행동을 개시했습니다. '만주'로만 쳐들어갈 줄 알았는데 청진, 나진 등 우리 땅 쪽으로도 거침없이 밀고 내려왔습니다.

이때 미국군은 최전방 부대가 오끼나와에 있었습니다. 해방 후 우리 땅 남쪽에 들어온 하지(J. R. Hodge) 중장

부대가 최전방 부대였습니다. 오끼나와에서의 전투가 무척 격렬해서 미국 상륙군의 3분의 1이 희생될 정도였기 때문에, 손실된 병력과 병기를 보충해서 일본 큐우슈우에 상륙하려면 그해 11월은 되어야 했습니다. 그래서 이번에는 미국이 다급해졌습니다. 11월이면 소련군이 우리 땅전체를 점령하고 일본 홋까이도오에 상륙할 수 있을 상황이었기 때문입니다.

미국의 태평양 정책은 그때나 지금이나 마찬가지라고 하겠는데, 아이젠하워(Dwight D. Eisenhower)가 말한 것처럼 태평양이 언제나 아메리칸 레이크, 즉 '미국의 호수'가 되어야 한다는 겁니다. 그런 정책에 의해 미국은 하와이를 자국 영토로 편입하고 필리핀을 점령하기도 했습니다. 또 호주와 뉴질랜드는 언제나 친미 국가여야 했습니다. 한때는 인도네시아가 이반했지만 군사 쿠데타로 뒤집어졌고, 중남미 역시 언제나 미국 세력권 안이어서 실제로 태평양은 언제나 '미국의 호수'였던 셈입니다.

그런데 제2차 세계대전의 결과로 홋까이도오와 같

은 일본 영토의 일부가 소련 세력권에 들어가면 태평양의 '미국의 호수' 기능이 위험해질 상황이었습니다. 일본 영토의 일부라도 소련권에 들어가면 태평양이 '아메리칸 레이크'가 아니라 '레드 레이크', 즉 '붉은 호수'가 될 가능성이 있는 겁니다. 그러니까 어떤 일이 있어도 일본 영토 전체가 미국 세력권에 있어야 하며, 그런 일본을 안전하게 지키기 위해서는 우리 땅의 남쪽 절반만이라도 반드시 미국 세력권에 두어야 했습니다. 그것이 제2차 세계대전이 끝날 무렵 미국의 동아시아 정책이었다고 하겠으며, 그래서 부랴부랴 38도선이 그어진 겁니다.

제2차 세계대전이 끝날 무렵 미국의 이같은 동아시아 정책은 지금까지도 마찬가지로 이어져오고 있다고 하겠습니다. 제2차 세계대전이 끝난 지 오년 만에 6·25전쟁이 일어나서 우리 땅 전체가 북녘 정권에 의해 점령되려 하자 곧바로 미국군 중심의 유엔군이 참전해서 이번에는 우리 땅의 남반부뿐만 아니라 38도선 이북까지 전체 우리 땅을 제 세력권에 넣으려 했습니다. 그러나 중국 육군과 중국 군복을 입은 소련 공군의 참전으로 실패해 결국 우리 땅의 남반부만을 지키게 되었고, 우리 땅과 일본 오끼나와에 미국군을 주둔시켜 정기적으로 한미합동 군사훈련을 실시하고 있는 것입니다.

제2차 세계대전이 끝날 당시 소련은 미국의 38도선 분할 제안을 받아들이지 않아도 그만이었고, 그랬다면 우리 땅 전체를 소련이 점령했을 겁니다. 그런데 소련이 미국의 제안을 받아들인 것은 또다른 속셈이 있기 때문이었습니다. 소련은 우리 땅의 남반부를 양보하는 대신 일본의 홋까이도오로 상륙하려 했습니다. 결과적으로 소련은 양보만 하고 욕심을 채우지 못했습니다. 미국이 태평양을 '미국의 호수'로 지키기 위해 소련의 홋까이도오 상륙을 강력히 막았기 때문입니다. 결국 소련은 일본의 북방 4개 섬만을 점령했고, 그것이 지금도 일본과 러시아 사이의 영토 분쟁의 요인이 되고 있는 겁니다.

20세기를 통해 우리가 살고 있는 동북아시아 지역에서 벌어진 이같은 역사에 대해 정확히 알고, 21세기에 들어선 현시점까지도 세계 유일의 분단민족 사회로 남아 있는 우리 땅의 역사적 현실을 절실히 이해해야 합니다. 그래서 제국주의 세계대전을 두번이나 겪고 동서냉전까지 치러야 했던 20세기와 달리 세계사가 민족국가의 장벽을 낮추면서 평화주의를 지향해가는 새로운 21세기에도 20세기의 유물인 휴전선이라는 민족분단선, 민족대립선을 그대로 유지한 채 현실적 '안존'에만 계속 빠져 있을 것인지, 이 땅에 사는 남북 7천만 인구가 냉철히 생각해봐야 할 시점이라 할 것입니다.

해양세력의 다리가 되고,
대륙세력의 칼이 되기도

　우리 민족사회는 20세기 전반기를 통해 치욕스럽게
도 타민족의 강제지배를 받았고, 그 후반기에는 38도선으
로 분단되어 처절하고도 치욕적인 민족상잔을 겪었습니
다. 그러고도 21세기에 들어선 지금까지 분단과 상잔과
대립을 계속하고 있습니다.

　민족분단 상태가 세기를 넘어서까지 지속됨으로써
그것이 마치 예사로운 일인 것처럼 받아들여지는 면조차
있는 것 같지만, 분단시대를 제대로 이해하기 위해서는
38도선의 의미를 정확하게 아는 것, 그리고 38도선이 휴전
선으로 바뀌어 그어진 때부터 냉전이 해소된 지금까지도
변하지 않는 국제정세를 정확하게 이해하는 것이 요긴합

니다. 조금 긴 이야기가 될 수도 있겠지만, 하나하나 차근 차근 이야기해보지요.

냉정하게 생각해보면 우리 민족의 '원한의 38도선'은 제2차 세계대전이 끝날 무렵 양대 전승국인 미국과 소련에 의해 그어진 동아시아 지역에서의 세력경계선이요 세력균형선이었다고 할 수 있습니다.

외교사학자들은 제국주의 시대에 들어서 청일전쟁, 러일전쟁 등이 발발할 긴박감이 높아졌을 때부터 대륙과 해양 사이에 걸친 우리 땅의 지정학적 위치가 '해양세력을 겨누는 칼'이자 '대륙으로 가는 다리'였다고 지적했습니다.

즉, 동아시아의 대륙과 해양 사이에 걸친 반도인 우리 땅 전체가 중국이나 러시아 같은 대륙세력권에 들어가면 일본과 같은 해양세력의 심장부를 겨누는 칼이 되고, 반대로 우리 땅 남북 전체가 해양세력, 특히 일본의 세력권에 들어가면 일본을 비롯해 그 배후의 미국, 영국 같은 해양세력이 대륙을 침략해 들어가는 다리가 된다는 것입니다.

실제로 20세기에 들어서서 일본은 같은 해양세력인 미국과 영국 등의 도움을 받아 러시아와의 전쟁에서 이기고 우리 땅 전체를 강점하였고, 이를 다리로 삼아 '만주'를 집어삼키고 중원 지역을 침략해갔습니다. 반대로 러일전쟁에서 러시아가 승리해 남북 우리 땅 전체가 대륙세력권에 들어간다면 해양세력인 일본에 커다란 위협이 된다는 이야기는 이미 널리 말해진 일이었습니다.

그런데 이상하게도 우리는 역사에서 이러한 사실을 잘 말하지 않아왔던 것 같습니다. 어쩌면 우리 민족사회의 운명이 강대국들의 이해관계에 따라 정해지는 것처럼 보일 수 있기 때문에, 숙명론에 빠질 것을 우려해서 그런 것이라고 생각되기도 합니다. 그러나 그같은 지정학적 위치 문제를 외면하기보다 그것을 제대로 알고 대처하는 것이 더욱 현명한 일임은 더 말할 나위가 없다 하겠습니다.

전근대와 근대를 막론하고 우리 땅 주변 대륙세력과 해양세력 사이의 균형이 무너지면 반도 땅인 우리 민족의 생활 근거는 큰 혼란과 곤경을 겪곤 했습니다. 중세시대에도 대륙 지역을 통일한 몽골 왕국이 우리 땅을 통해 해양 쪽으로 일본을 침략했다가 실패하기도 했고, 이른바 전국시대를 거치며 국내를 통일한 일본이 대륙의 명나라를 침략하는 길을 빌린다고 하면서 임진왜란을 일으키기도 했습니다.

반대로 대륙, 특히 중국을 통일한 세력들은 육지로 연결된 우리 땅을 직간접으로 지배했지만 바다를 사이에 둔 일본은 침략하지 못하는 경우가 많았습니다. 섬나라 일본은 우리 땅을 통해 대륙 쪽의 선진문화는 받아들이면서도 군사적 침략은 거의 받지 않았을 뿐만 아니라 미국, 영국 등의 도움으로 러시아 등 대륙세력의 태평양 진출을 막는 '극동의 헌병' 노릇을 했으니, 그만큼 지정학적 위치의 덕을 본 것이라 하겠습니다.

조선왕조가 병자호란에 져서 청국의 속국이 되기는 했지만 그건 어디까지나 형식적인 것이지 실질적·직접적 지배는 아니었습니다. 그러나 일본이 메이지유신 이후 자본주의화하면서 조선에 문호개방을 강요하고 경제적으로 진출하기 시작하자 이에 반발해 임오군란이 일어났고, 청국이 이를 계기로 조선을 실질적으로 지배하기 위해 군대를 주둔시켰습니다. 이에 반발한 개화파들이 청국에 대한 속국 상태에서 벗어나 일본을 본받아 근대화를 하고자 갑신정변을 일으켰으나 청국 군대에 의해 진압되었고, 아직은 청국을 이길 수 없었던 일본도 후퇴했다가 이후 십년간 군비를 강화하여 청일전쟁을 일으킨 것입니다.

청일전쟁은 이름 그대로 청국과 일본의 전쟁이었지만, 전쟁의 원인은 주로 우리 땅 문제였습니다. 세상 사람들의 예상과는 달리 일본은 '종이호랑이'였던 청국과의 전쟁에서 이기고 국가재정 사년 반분의 배상금을 받아냈습니다. 일본이 왜 버거운 전쟁을 했겠습니까? 우리 땅을 제 세력권에 넣고 그곳을 '다리'로 삼아 '만주'를 침략하려는 것이었습니다. 초기자본주의 국가 일본에게는 이른바 상품시장과 원료공급지가 필요했는데, 당시로서는 우리 땅이 가장 적합했다고 할 수 있겠지요. 개항과 함께 일본의 기계제작 면직물, 즉 '광목'이 개항장을 통해 조선

천지에 퍼져 농민들이 베틀로 짜는 '베'를 압도하고 말았습니다.

아주 자존심이 상하는 이야기를 하나 하지요. 청일전쟁 당시 우리 땅은 강대국들에 의해 이상한 모양으로 갈라질 뻔도 했습니다. 청일전쟁이 임박했을 즈음 전쟁을 막기 위한 방법의 하나로 평안도, 황해도, 함경도는 청국이 다스리게 하고, 경상도, 전라도, 충청도, 강원도는 일본이 다스리게 하고, 조선 왕은 경기도만 다스리게 하자는 안이 있었습니다. 실제로 일본 외교문서에 있는 이야기입니다. 그런데 일본은 이 안에 응하지 않았습니다. 남반부만이 아닌 전체 우리 땅은 물론 나아가서 '만주'까지를 겨냥하고 있었기 때문입니다. 그래서 전쟁을 일으킨 겁니다.

당시 또다른 제안도 있었습니다. 많이 알려진 일이지만, 갑신정변 당시 우리 땅에 와 있던 독일 부영사 부들러 (H. Buddler)란 사람이 외교문서로 조선 정부에 건의한 기록이 남아 있습니다. 스위스를 예로 들면서 영세국외중립화를 하라는 거였습니다. 장차 조선을 두고 청국과 일본

사이에 전쟁이 일어날 것 같으니, 유럽의 스위스가 독일, 프랑스, 이딸리아 등 강대국 사이에 끼어 있으면서도 영세국외중립을 함으로써 보불전쟁의 전화를 면하고 독립을 유지할 수 있었던 것처럼 조선도 영세국외중립을 선언하는 것이 좋겠다는 것이었습니다. 청일전쟁이 일어나기 십년 전의 건의였습니다. 그러나 당시 우리 외교 책임자였던 김윤식(金允植)은 영세국외중립을 모르고 그랬는지 알고 그랬는지 모르지만 '왜 일본과 청국이 조선에서 전쟁을 한단 말이냐, 그럴 리가 없다' 하고 이를 물리쳐버렸습니다.

우리 땅의 중립화 이야기는 조선왕조 쪽에서도 나왔습니다. 잘 알다시피 최초의 미국 유학생이자 유럽 여행에서 돌아와 『서유견문』을 쓴 유길준(兪吉濬)이 「중립론」이라는 글에서 주장하기도 했습니다. 또 갑신정변으로 일본에 망명해 있던 김옥균(金玉均)도 당시 청국의 외교 책임자 이홍장(李鴻章)에게 보낸 편지에서 우리 땅의 중립화를 주장했습니다.

그런데 아쉽지만 아무리 그들이 중립화론을 주장해도 그때 사정으로는 우리 땅의 국외중립은 될 수 없었습니다. 왜 그럴까요? 첫째, 중립화가 되려면 그 나라에 살고 있는 사람들, 즉 조선 사람들이 고도의 국제감각을 가지고 있어서 주변 상황을 잘 이용할 수 있어야 합니다. 그런데 조선왕조 오백년 동안의 지독한 쇄국주의 아래에서는 그런 국제감각이 키워질 수 없었습니다. 예를 들어 우리나라 사람이 제주도에 갔다 오다가 폭풍을 만나 표류해서 중국에 흘러갔다 돌아오면 국가기밀이 누설되었다 해서 죽여버리는 경우도 있었습니다. 그런 상황에서는 국제감각이 조성될 수 없는 것이지요.

둘째는 우리 땅을 둘러싸고 있는 강대국들의 이해가 맞아야 하는데, 그런 상황이 아니었습니다. 일본처럼 기어이 우리 땅을 점령하겠다는 나라가 있으면 안 되고, 중국도 러시아도 일본도 미국도 우리 땅을 분쟁지로 삼지 않기 위해 영세국외중립국으로 두자는 합의가 있어야 했습니다. 스위스도 그래서 가능했던 거지요. 그런데 우리의 경우는 어땠습니까? 일본은 전쟁을 해서라도 기어이 우리 땅 전체를 식민지로 삼으려 했고, 영국은 영일동맹으로, 그리고 미국은 태프트-가쯔라 비밀협약으로 일본의 침략을 도와주는 상황이었습니다. 알다시피 태프트-가쯔라 밀약은 일본이 필리핀을 건드리지 않는 대신 우리 땅을 침략해도 좋다는 내용이었습니다.

당시 세계 최대의 육군 강국이었던 또다른 대륙세력 러시아는 중국의 의화단사건을 계기로 '만주' 지역의 상당 부분을 점령한 데 이어, 우리 땅을 태평양으로 나아가는 통로로 삼고자 일본을 건너다보는 경상도 합포(마산)에다 군항을 건설하려 했습니다. 그런 상황이 되자 일본이 다급해졌습니다. 우리 땅이 일본의 심장부를 겨누는 칼이 된다 하고 호들갑을 떨었습니다. 그러나 아무리 호들갑을 떨어도 일본 혼자 힘으로는 러시아와 전쟁을 할 수 없었습니다.

우선 일본은 전쟁 비용이 부족했습니다. 러시아와의 전쟁 비용이 19억 8천만 엔이었는데 당시 일본의 연간 세

수입이 2억 엔 정도밖에 안 되었습니다. 그래서야 어떻게 전쟁을 하겠습니까? 같은 해양세력인 미국과 영국이 외국채 12억 엔을 빌려주어 겨우 전쟁을 해낼 수 있었습니다. 일본을 '극동의 헌병'으로 삼아서 대륙세력 러시아가 태평양으로 진출하는 것을 막기 위해 절반 이상의 전쟁 비용을 빌려준 것입니다.

그래도 러일전쟁은 일본이 이길 수 있는 전쟁이 아니었습니다. 그래서 미국 대통령 루스벨트(T. Roosevelt)가 적당한 시점에 러시아와 일본을 중재해 포츠머스 조약을 맺게 했습니다. 결국 일본은 청일전쟁 때와는 달리 배상금을 전혀 받지 못했고, 영국 측의 도움으로 북위 50도 이남의 사할린 땅을 차지하는 것으로 전쟁을 끝냈습니다.

청일전쟁과 마찬가지로 러일전쟁도 겉으로는 러시아와 일본의 전쟁이었지만 전쟁의 주된 원인의 하나는 우리 땅 문제였습니다. 러일전쟁이 일어날 무렵에도 우리 땅의 중립화 안이 거론되었고, 실제로 대한제국 정부가 전시중립을 선언하자 독일, 프랑스, 이딸리아, 덴마크, 청국, 영국 등과 함께 전쟁을 피하려 했던 러시아도 이를 지지했습니다. 일본에 전쟁 비용을 빌려줄 영국까지 우리 땅의 전시 중립화를 지지했다는 것이 잘 믿기지 않지만 그런 기록이 남아 있습니다.

그러나 청일전쟁과 러일전쟁의 결과 우리 땅 전체는 일본의 강점 아래 들어가고 말았습니다. 일본은 우리 땅을 다리 삼아 '만주'로 쳐들어갔고, 드디어는 간 크게도 중국 본토까지 욕심내어 중일전쟁을 도발하기에 이르렀습니다. 미국과 영국은 일본의 우리 땅 점령을 도와주기는 했지만 일본의 '만주' 침략은 못마땅해했고, 더구나 일본의 중국 본토 침략은 용납할 수 없었습니다. 왜냐하면 미국, 영국 등도 중국 본토에 많은 이권을 가지고 있어서 만약 장 제스 정부가 일본에 항복하면 그 이권들을 모두 잃어버릴 가능성이 있었기 때문입니다.

그래서 일본의 '만주' 침략 때와는 달리 미국과 영국은 바다 쪽 영토를 크게 점령당하고 내륙의 중경으로 옮겨간 장 제스 정부의 항복을 막기 위해 이른바 '원장(援蔣)

루트'를 통해 장 제스 정부를 계속 도와주었습니다. 그러자 일본은 미국, 영국과 전쟁을 하지 않고는 중일전쟁을 끝낼 수 없다고 판단하고 결국 태평양전쟁을 도발하지 않을 수 없었으며, 그것이 곧 일본 제국주의가 패망하는 길이 되고 말았던 겁니다.

태평양전쟁이 끝날 때 만약 소련이 참전 기회를 놓쳐서 38도선이 그어지지 않고 우리 땅 전체가 미국군의 점령 아래 들어갔다면 중국 대륙에서 마오 쩌둥(毛澤東) 정권과 장 제스 정권의 교체가 그리 쉽게 이루어지지는 않았을 거라는 관측도 있습니다. 마오 쩌둥 세력이 중국 본토를 점령하는 과정에서 우리 땅 북반부가 사회주의권에 있은 덕을 봤으니까요. 반대로 38도선이 그어지지 않고 소련이 남북 우리 땅 전체를 점령했으면 러일전쟁 전과 같이 우리 땅이 곧 일본을 겨누는 칼이 되어 해양세력에 위험이 되었을 겁니다.

이런 이유로 태평양전쟁이 끝날 무렵 미국에 의해 그어지고 소련에 의해 받아들여진 38도선은 두 전승국 미국과 소련의 전쟁 후 동아시아에서의 일종의 세력균형선이요 세력경계선이라 할 수 있는 겁니다. 38도선은 우리 땅을 '동강난 칼'이요 '부러진 다리'가 되게 함으로써 그 주민들은 엄청난 분단 고통을 당하는 대신 주변의 대륙세력과 해양세력은 각기 나름대로의 안전을 얻는 상황을 만들었습니다.

38도선이 그어진 지 오년 만에 남북 우리 땅 전체를 무력으로 통일해서 대륙세력권, 사회주의 세력권에 넣으려 했던 것이 6·25전쟁이었으며, 알다시피 그것이 거의 실현될 상황에 이르기도 했습니다. 그러나 우리 땅이 일본 열도를 위협하는 칼이 되는 것을 막기 위해 미국군 중심 유엔군이 참전해 38도선을 넘어 진격했고, 그러자 이번에는 우리 땅이 대륙을 침범하는 다리가 되는 것을 막기 위해 중국 육군과 소련 공군이 참전해서 38도선 이북 땅을 수복하고 다시 서울을 점령했던 겁니다.

결국 38도선과 비슷한 휴전선이 그어져서 전쟁은 멈추었고, 우리 땅은 그대로 '동강난 칼'이요 '부러진 다리'

가 되어 또다시 주변의 대륙세력에게도 또 해양세력에게도 위협이 되지 않게 되었습니다. 그러나 우리 땅 주민들은 삼년여 계속된 전쟁으로 엄청난 희생을 치르고 전체 국토가 초토화되다시피 했고, 이 땅에 살고 있는 남북 7천만 민족의 분단 고통은 세기를 넘어서까지 계속되고 있습니다. 이것이 곧 우리 민족의 어리석고도 억울하고 처절한 현대사라고 하겠습니다.

'칼'과 '다리'가 아닌
'평화가교'가 되어야

　이제 '역사에서 무엇을 배울 것인가' 하는 주제의 마지막 이야기를 해야 할 것 같습니다. 그 이야기는 6·25전쟁이 정전협정으로 마무리되는 과정을 살펴보는 것으로 시작해보겠습니다. 지금은 소련과 중국 쪽 자료들이 다 공개되어 6·25전쟁의 실상이 많이 밝혀졌습니다.

　참고로 말씀드리자면, 6·25전쟁은 결코 갑자기 일어난 전쟁이 아닙니다. 1950년 6월 25일 전에도 38도선을 경계로 해서 남북 군대 사이에 잦은 충돌이 있었고, 더구나 토오꾜오의 맥아더(D. MacArthur) 미군 사령부가 우리 땅 북녘에 보낸 간첩을 통해 6월 25일에 전쟁이 일어난다는 것을 미리 알고 있었다는 사실까지도 밝혀졌습니다.

이제 중국군이 참전한 이후의 상황부터 간략하게 살펴보겠습니다. 6월 25일에 전쟁이 일어나자 6월 27일 미국 대통령 트루먼(H. S. Truman)이 전쟁 개입을 선언했고, 7월 2일에 중국 정부 주석 마오 쩌둥이 미국군 중심 유엔군이 서울을 공격할 것에 대비해 강력한 방위벽 구축을 지시했습니다. 미국이 참전한 이상 김일성 군대가 못 이길 것이고 미국군 중심 유엔군이 38도선을 넘어 진격할 것이다, 그러니 전쟁 준비를 해야 한다는 거였습니다. 그래서 전쟁이 일어난 해의 5월부터 7월 사이에 18만명의 중국 정예부대가 참전태세를 갖추게 되었습니다.

미국군 중심 유엔군은 당시 최전선이었던 경남 마산에 대거 상륙해서 북으로 밀고 올라가는 전략을 취했고, 인민군의 허리를 자르기 위해 인천상륙작전을 감행했습니다. 그 결과 낙동강전선까지 내려왔다가 허리를 잘린 인민군의 절반 이상이 지리산으로 들어갈 수밖에 없었습니다. 그리고 처음에는 미국군 중심 유엔군 내에서도 38도선을 넘을지 말지에 대한 논란이 있어 남녁 군대만이

38도선을 넘었지만, 곧 미국군 중심 유엔군도 38도선을 넘어 압록강까지 진격했습니다.

지난날 해양세력 일본 제국주의자들이 우리 땅을 강점하고 그곳을 다리로 삼아 '만주'를 침략했던 것과 같은 양상이 같은 해양세력인 미국군 중심 유엔군에 의해 다시 벌어지는 상황이 되자 마오 쩌둥 중국군도 대응하지 않을 수 없게 되었습니다. 결국 중국 육군이 압록강을 넘어 대거 참전했고, 앞에서 말한 것과 같이 중국 군복을 입은 소련 공군도 참전했습니다. 마오 쩌둥 중국은 성립된 지 일 년밖에 안 되어 공군이 없었고, 그래서 소련의 미그기 조종사들에게 중국 군복을 입혀 참전케 함으로써 미국 공군의 공격에 대항했던 겁니다. 소련이 정식으로 참전하면 제3차 세계대전이 될 가능성이 있으니 그런 편법을 쓴 것이라 하겠지요.

어떻든 그 결과 중국군이 인해전술로 물밀듯이 밀고 내려와서 서울을 다시 탈환했습니다. 그렇다고 해서 전쟁 초기의 김일성 군대같이 부산까지 진격해서 통일함으로써 우리 땅 전체가 또 해양세력을 겨누는 칼이 되게 하느냐 하면 그렇지는 않았습니다. 우리 땅 중간 부분에서 지루한 공방전을 계속하다가 개전 삼년여 만에 결국 38도선과 비슷한 지역에 휴전선을 그어서 전쟁을 멈춘 겁니다.

이렇게 삼년 동안 남북을 막론하고 엄청난 희생을 치렀으나 38도선이 휴전선이 되었을 뿐 우리 땅의 분단 상태는 변하지 않았습니다. 앞서 말한 것처럼 대륙세력의 칼이 두동강이 나고 해양세력의 다리도 부러진 그대로가 된 거지요. 그 결과가 무엇입니까? 주변 4대 강국의 안전만이 계속 보장받게 된 것이지요. 우리 땅의 남북 주민들이야 분단 고통에 시달리건 말건 주변 강대국들은 칼과 다리가 여전히 두동강이 나서 안전해졌다 하겠지요.

누누이 말했지만 우리 땅이 통일되어 칼이 되면 일본이나 미국이 불안해지고 반대로 통일되어 다리가 되면 중국이나 러시아가 어려워지는데, 전쟁을 치르고도 칼과 다리가 여전히 두동강이 난 채로 되었으니 그들에게는 얼마나 다행한 일이겠습니까? 남북 우리 땅 주민들의 염원과는 상관없이 두번씩이나 칼과 다리가 두동강이 나게 한 장본인이 누구였지요?

언제부턴가 주변 4대 강국과 남과 북이 6자회담을 해서 우리 땅 문제를 해결하자는, 긍정적으로 생각하면 낭만적이기도 하고 부정적으로 생각하면 불가능할 것 같기도 한 일이 논의되고 있습니다. 그러나 냉철히 생각해봅시다. 그들에게 칼이 될 수도 있고 다리가 될 수도 있는 우리 땅의 통일을 왜 그들 4대 강국이 진정성을 가지고 논의하고 돕겠습니까? 우리 땅이 어느 쪽으로 통일되어도 그들에게는 화가 될 가능성이 높은데 말입니다.

이런 생각이 틀렸을까요? 80세가 넘도록 하필이면 불행하고도 처절했던 우리 근현대사를 주로 공부해온 내 생각이, 일반적으로 무난하게 불려오던 '해방후시대'라 하지 말고 '분단시대'로 할 것을 제안한 내 역사인식이 너무 부정적이고 비관적이라면 양해하기 바랍니다.

우리 땅의 지정학적 위치 문제를 두고 '칼'이니 '다리'니 하고 그다지 유쾌하지 못한 말을 하는 것은 우리의 평화통일문제를 좀 설득력 있게 풀어보자는 생각에서입니다. 누가 무어라 해도 통일은 남북 우리 땅 주민들이 함께 해야 한다는 생각입니다.

우리 정치 지도자 중에도 그걸 제대로 안 사람이 있었습니다. 김대중 전 대통령이 그중 특출한 한 사람이었습니다. 그는 우리의 역사적·현실적 상황을 잘 알고 있었고, 그래서 우리 통일문제를 남북이 직접 풀어가야 한다는 용단을 내렸던 거라고 생각합니다. 2000년 평양에서 열린 남북정상회담에 나도 민간 대표로 참가하는 행운을 누렸고 그 재임기간 내내 대통령의 통일고문을 맡았었지만, 그래서 하는 말은 아닙니다.

교단에서 물러난 지 어느새 이십년이 되어가지만, 현직에 있을 때는 우리 근현대사 선생으로서 그래도 가장 애써서 강의한 부분이 분단과정과 통일문제였고 그 문제에 관한 글도 꽤 써왔습니다. 그 이야기를 좀더 해보겠습니다.

1945년 이후 우리 민족의 분단과정을 흔히 3단계로

1994년 김대중 전 대통령과의 대담.

말합니다. 먼저 1945년에 해방이 되면서 바로 38도선이 그어져 남북 사이의 자유로운 내왕이 불가능하게 된 사실을 '국토분단'이라 합니다. 그리고 1948년에 전체 민족 구성원의 의지와는 달리 38도선을 경계로 해서 불행하게도 남북에 두개의 국가가 생긴 사실을 '국가분단'이라 합니다.

이렇게 비록 국토가 둘로 분단되고 국가가 둘로 분단되었지만, 그때까지만 해도 수천년을 같은 역사, 같은 문화 아래 함께 살아온, 그 수가 많지도 않아 겨우 3천만 정도인 남북 주민들 사이의 동족의식은 그대로 살아 있어서 다행히 '민족분단'은 안 되었다고 할 수 있었습니다.

그러다가 1950년에 6·25전쟁이 일어나면서 어제까지 수천년을 함께 살아온 동족이 하루아침에 총부리를 겨누어 서로 죽이는 적이 되고 말았습니다. 심지어는 해방 후 월남한 형과 북에 남아 있던 아우가 각기 남북의 군인이 되어 전선에서 실제로 총부리를 맞겨누는 일이 벌어지기도 했습니다. 국토와 국가에 이어 민족마저 분단되고 만 것이지요.

그러나 어제까지도 동족이었던 이 땅의 남북 주민들이 하루아침에 적이 되는 현실을 직접 겪은 사람들은, 분단과정과 동족상잔을 겪고 난 후에 태어나서 자신의 생각 여하와는 상관없이 북녘 사람들을 적으로 듣고 배운 경우와는 다르다는 생각입니다. 내 경우는 해방 다음해인 1946년에 중학교 1학년에 입학하고 6년제 중학교 5학년 때인 1950년에 6·25전쟁이 일어났지만 그런 정도의 식견은 가질 수 있었습니다. 전쟁이 끝난 직후에 의무군인 생활을 했지만, 솔직히 말해서 한번도 북녘 사람들을 동족이 아닌 적으로 생각해본 적은 없으니까요.

분단과정을 '국토분단'과 '국가분단'과 '민족분단'의 3단계로 나누어 볼 수 있다 했지만, 통일과정은 분단과정과는 그 순서가 다르다는 생각입니다. 이는 6·15 남북공동선언 발표 현장에 동참함으로써 얻은 생각이라 할 수 있는데, 즉 통일과정은 분단과정과는 달리 먼저 '민족통일'을 시작하고, 그럼으로써 '국토통일'을 이루어가고, 맨 나중에 '국가통일'을 하는 것이 옳다는 것입니다. 그 이유를 말해보지요.

제2차 세계대전 후 분단된 민족으로 독일과 베트남과 우리 민족이 있습니다. 그중 베트남은 전쟁통일을 했고 독일은 이른바 흡수통일을 했습니다. 우리 민족은 6·25전 쟁을 통해 처음에는 북녘에 의해, 다음에는 남녘에 의해 전쟁통일이 될 뻔했지만 앞에서 말한 것같이 우리 땅의 지정학적 위치 문제가 주된 원인이 되어 어느 쪽으로도 통일되지 않았다고 하겠습니다. 흡수통일을 생각하는 경 우도 있었지만, 전쟁에 이긴 쪽이 진 쪽을 지배하거나 흡 수한 쪽이 흡수당한 쪽을 지배한다는 점에서 전쟁통일과 흡수통일은 결과가 같다고 하겠습니다.

따라서 우리 땅과 같이 전국토가 폐허가 되다시피 한 치열한 전쟁을 겪고도 통일이 안 된 지역은 전쟁통일과 마찬가지 결과를 가져올 흡수통일 역시 안 된다고 해야 합니다. 그래서 한때는 소위 이적론으로 취급되어 조봉암 같은 사람을 죽게 한 평화통일론이 7·4 남북공동선언을 통해서 남북 쌍방 정부가 공식적으로 채택한 통일론으로 정착된 것이라 하겠습니다.

베트남의 전쟁통일은 사이공이 함락되면서 바로 이루어졌고 독일의 흡수통일은 베를린장벽이 무너지면서 바로 이루어졌지만, 전쟁통일도 흡수통일도 아닌 우리의 평화통일은 그렇게 갑자기 되는 것이 아니라 시일을 두고 차근차근 진행되어가야 한다는 생각입니다. 따라서 많은 인내심을 가지고 지금까지의 적대감정을 동족애로 바꾸어가는 일부터 시작해야 합니다.

그렇게 함으로써 남북의 젊은이들이 일정기간 병역의무를 져야 하고 남북 합쳐 백만명 이상의 상비군을 두고 해마다 힘에 겨운 군사비를 감당해야 하는 현실을 타개해가야 합니다. 세계에 의무병역제를 실시하고 있는 나라가 몇이나 됩니까? 그래서 6·15 남북공동선언에서 남북이 지금부터 적대하지 말고 화해하고 협력한다고 한 겁니다. 이제 적이 아니라 다시 동족으로 돌아가자는 것이지요. 마음먹기에 따라서는 그렇게 어려운 일이 아니며, 그때부터 어제까지의 적이 동족이 되어가는 '민족통일'이 시작되는 것입니다.

6·15 남북공동선언을 통해 남북이 화해하고 협력하여 동족이 되어가는 '민족통일'이 시작되자 뒤따라 오랫동안 끊겼던 남북 사이의 철도가 연결되고, 육로 관광길이 열려 남북 사이의 사람 왕래가 빈번해지고, 개성공단이 조성되어 남북 사람들이 한 공간에서 생산 작업을 하게 되었습니다. 즉 '민족통일'에 이어 '국토통일'이 차근차근 추진되어갔다고 하겠습니다.

6·15 남북공동선언이 계속 제대로 작동되고 정착되어갔다면 아마 지금쯤은 연결된 철로를 통해 기차를 타고 북녘 땅을 지나 중국도 가고 러시아도 갈 수 있었겠지요. 남녘에서 중국을 통하지 않고 북녘의 삼지연공항을 이용해서 백두산을 갈 수 있게 합의가 되었다가 무위로 돌아가버리고 말기도 했지 않습니까. 그뿐만이 아닙니다. 개성공단에 이어 해주공단과 나아가서 원산공단도 조성될 수 있었을 겁니다. 즉 '민족통일'이 되어가면서 '국토통일'이 그만큼 뒤따라 추진되는 등 평화통일이 착착 정착되어갔

을 겁니다.

민족통일과 국토통일이 추진되면 될수록 이 땅에 평화가 정착되고 그만큼 평화통일의 길이 진전될 것이며, 그러고 나면 국가통일의 길이 쉽게 열릴 것입니다. 민족통일과 국토통일이 자리잡게 되면 국가통일은 설령 좀 늦는다 해도 평화통일은 이미 추진되어가고 있는 것입니다. 그래서 일시적 기복은 있다 해도 역사적 안목에서 여유를 가지고 보면 기차는 못 다녀도 철로는 연결되었고 운영에 기복은 있다 해도 개성공단이 조성되었다는 점 등에서 6·15 남북공동선언 발표 시점부터 우리의 통일은 이미 시작되었다고 할 수 있는 겁니다.

이쯤에서 평생 역사 공부를 해온 사람으로서 국정을 담당하는 분들에게 하고 싶은 말이 있습니다. 흔히 하는 말이지만, 모든 정권은 결국 역사 서술의 대상이 되게 마련이고 싫건 좋건 역사적 평가를 받게 마련입니다. 역사가 어느 정권을 평가할 때는 그 기준이 있어야 할 텐데 그것이 무엇일까요?

흔히 역사는 정치, 경제, 사회, 문화로 이루어진다고 하지요. 따라서 역사가 어느 한 정권을 평가할 때는 첫째, 그 정권이 국민의 정치적 자유를 얼마나 보장했는가, 둘째, 경제적으로 그 정권이 생산력을 얼마나 발전시켰으며 그 열매가 얼마나 고루 분배되었는가, 셋째, 인간의 역사는 만민평등을 지향해왔는데 그 점에서 사회적으로 그 정권이 얼마나 역사의 길을 따랐는가, 넷째, 문화적으로는 그 핵심인 사상의 자유를 얼마나 보장했는가 하는 점 등이 역사적 평가의 기준이 되는 겁니다.

그런데 우리 같은 분단민족사회의 경우에는 해방 이후 분단시대에 성립된 각 정권들이 평화통일문제에서 얼마나 업적을 내었는가 하는 점 또한 역사적 평가의 중요한 기준이 된다 하겠습니다. 북진통일을 지향했던 이승만 정권은 그 점에서는 평가할 근거가 전혀 없다고 할 수 있고, 장면 정권은 4·19 주체세력의 평화통일운동을 제대로 소화하지 못한 채 쓰러지고 말았다고 하겠지요.

박정희 정권은 비록 그것이 유신을 위한 전주곡이 되

었다 하더라도 7·4 남북공동성명을 성사시켰다는 점에서, 즉 이 땅에 평화통일론이 정착되어 제2의 조봉암과 같은 희생이 나오지 않게 되었다는 점에서 평가받을 만하다 하겠습니다. 그리고 노태우 정권 역시 군인 출신 정권이었다고는 해도, 그리고 실제적인 성과는 없었다 해도 남북기본합의서를 마련했다는 점은 역사적 업적이 될 수 있다 할 것입니다.

군사정권에 이은 최초의 문민정권인 김영삼 정권은 미국 측의 주선으로 남북정상회담이 약속되었다가 한쪽 정상의 갑작스러운 죽음으로 불발했을 뿐만 아니라, 그에 따르는 조문문제를 슬기롭기 풀지 못함으로써 군사적 충돌이 재발되고 말았으니 평화통일문제에는 아무 업적을 남기지 못하고 어느 정권보다도 반북적인 정권이 되고 말았다고 하겠지요. 그럼으로써 다음 김대중 정권의 6·15 남북공동선언과 노무현 정권의 10·4 남북공동선언 및 남북 철도 연결과 개성공단 설립 등 김대중·노무현 두 정권의 평화통일 업적이 더욱 크고 빛나게 되었다고 할 것입니다.

6·15 남북공동선언과 10·4 남북공동선언에 의해 평화통일의 큰 문이 열렸지만, 대외적으로 지난 19세기나 20세기처럼 우리 땅이 주변 세력들에 의해 '칼'이 되고 '다리'가 되는 조건과 기능이 그대로 유지된다면 설령 민족사회 내적으로 평화통일이 추진되려 해도 역시 어려울 거라는 생각이 없을 수 없겠습니다.

그러나 역사에는 긍정적인 변화도 있고 파렴치한 상황도 있게 마련입니다. 뒤돌아보면 지난 20세기까지의 세계사는 '선교사의 피 한방울 흐르는 곳에 제국의 땅 한치 늘어난다' 할 만큼 종교마저 침략에 이용된 냉혹하고도 파렴치한 시대였습니다. 피로써 한치 땅을 다투고 추악한 제국주의 세계대전을 두번이나 치렀으며, 그러고도 또 냉혹한 동서냉전을 겪은 20세기는 전세계가 침략과 전쟁과 대립의 광란에 빠졌던 불행하고도 불행했던 세기라고 할 수 있을 겁니다. 그런데 그런 20세기가 미처 다 가기 전에 천년만년 갈 것처럼 얼어붙었던 냉전체제가 거짓말같이 하루아침에 해소되었습니다.

그러고는 높기만 하던 민족국가 및 국민국가 사이의 벽이 낮아지기 시작하면서 입국 허가 없이도 갈 수 있는 나라들이 점점 늘어나고, 입국 허가를 고집하는 나라는 마치 후진국처럼 되어가는 세상이 되었습니다. 놀라운 변화라 하지 않을 수 없습니다. 세상이, 그리고 역사가 변하려면 이렇게도 쉽게 변하는 거라는 사실을 실감하면서 역사학을 전공한 '행복감' 같은 것을 느끼게도 됩니다.

그뿐만이 아닙니다. 지난 세기 제국주의 전쟁의 중심이었던 유럽 지역에서부터 국경을 넘는 지역 공동체가 이루어지기 시작하면서 지역 내 사람의 이동이 자유로워지고, 심지어는 국경을 넘은 지역이 같은 화폐를 쓰고 공동의 의회를 가지는 상황으로 발전하고 있습니다. 그런 유럽 공동체, 즉 EU가 생기더니 뒤따라서 동남아 공동체, 즉 ASEAN이 생겨서 잘되어가고 있으며, 성격은 조금 다르지만 북미 공동체, 즉 NAFTA가 생겼고 남미 공동체도 운위되고 있습니다.

인류 역사 발전의 궁극적인 목적은——너무 이상주의적이라 할지 모르지만——이 지구 덩어리 전체를 하나의 평화 공동체로 만들어가는 데 있다는 생각을 가지고 있습니다. 그런 역사관을 바탕으로 해서 보면 인류 역사가 20세기 잔혹한 제국주의 시대를 청산하고 지역 평화 공동체를 이루어가고 있는 것은 인류 역사의 획기적 발전이라 할 것이며, 인간성의 위대함과 그 본래의 속성을 비로소 드러내주는 것으로서 찬양해 마지않는다 할 것입니다.

　　그러나 유감스럽게도 우리 땅과 중국과 일본을 묶는 동북아시아 공동체는 아직 형성되지 못하고 있습니다. 지난 20세기를 통해 이 지역에서 벌어진 침략과 피침략의 잔혹한 역사의 응어리가 아직은 유럽 지역처럼은 풀리지 못하고 있는 것이 원인이라 하겠지요. 그렇지만 동남아시아 공동체에다 동북아시아 3국을 더한——비록 우리 땅 북반부가 포함되지는 않았지만——또 하나의 지역 공동체회의, 즉 아세안+3 정상회의가 정기적으로 열리고 있는 현실이기도 합니다.

더구나 베트남은 사회주의 북베트남에 의해 통일되었으면서도 아세안에 들어가서 잘하고 있고, 중국도 경제적으로는 자본주의 체제가 다 되었다지만 정치적으로는 여전히 사회주의 체제가 유지되고 있는데도 아세안＋3국에 들어가 있습니다. 이같은 세계사적인 평화주의 정착과 확대 추세, 그리고 지역 평화 공동체 성립 추세에 따라 앞으로 동남아 공동체와 동북아 지역 국가들이 합쳐 동아시아 공동체를 형성하건, 또는 동북아시아 지역 국가들끼리 따로 공동체를 형성하건, 이제 우리 땅은 제국주의 시대, 냉전주의 시대의 불행했던 '칼'과 '다리' 기능을 해소하고 21세기 동아시아 내지 동북아시아의 대륙세력과 해양세력을 순조롭게 연결하는 평화 가교의 역할을 다할 수 있을 것이며, 그것이 곧 우리 땅이 주변 4강 체제의 작용과 간섭에서 벗어나 평화통일을 이루어내는 길이 될 겁니다. 그리고 이런 추세를 전망하고 교육하는 일이 우리 역사 교육의 중요한 요소와 방향이 되어야 할 겁니다.

이미 다른 글에서도 썼지만, 여기서도 한가지 꼭 덧붙

이고 싶은 말이 있습니다. 분단시대를 통해서 조성된 우리 사회의 좌우 대립 현상이 어느 민족사회보다도 심한 나머지 마치 진보파가 곧 좌익이고 보수파가 곧 우익인 것처럼 이해되는 것이 일반화되어 있지 않나 하는데, 이것 역시 불행한 일제강점기와 민족분단시대를 겪음으로써 특별히 강화된 현상이라는 겁니다.

우리 근대사회 이후를 보았을 때 진보주의가 곧 공산주의나 사회주의를 가리키고 보수주의가 곧 왕권주의나 자본주의 지향을 가리킨다고 말할 수 있는 것은 아닙니다. 역사적 관점에서 보면 어느 시기의 현실적 상황을 그대로 유지하려는 생각과 입장이 강한 사람을 보수주의자라 할 수 있고, 현실적 상황에 안주하지 않고 그것을 나은 방향으로 변화시키려는 생각과 입장이 강한 사람을 진보주의자라 할 수 있습니다.

예를 들면 조선왕조 후기에 조선왕조의 전제주의 체제를 그대로 유지하려는 노선은 보수적 노선이라 할 수 있고, 그것을 입헌군주제나 공화제로 바꾸려는 노선은 진보적 노선이라 할 수 있습니다. 그리고 일제강점기에는 강점체제를 청산하려는 노선, 즉 희생을 각오하고라도 독립운동에 선 사람은 진보주의 노선에 선 사람이요, 불만스럽기는 하지만 일제강점체제를 별수 없이 인정하고 그것에 안주할 수밖에 없다는 입장을 보수주의적 입장이라 할 수 있겠습니다.

그런데 우리가 알다시피 일제강점체제에 저항하여 그 체제를 청산하고 민족의 독립을 이루려 한 사람들, 즉 일본 제국주의의 강점 현실을 타개하고 민족의 독립을 이루려는 진보적 노선에 선 사람 모두를 기어이 좌우익으로 나누어 따져본다면 그중에는 좌익적 입장이 아니라 우익적 입장에 선 사람들도 많았습니다.

다시 백범 김구의 경우를 예로 들어보지요. 백범 김구는 본래 비명에 죽은 명성황후의 원수를 갚겠다던 왕당파였다가 기독교에 귀의하면서 공화주의자가 되어 대한민국임시정부에 참가하고 그야말로 임정 사수파가 되었지만, 그는 누가 무어라 해도 우익 인사지 좌익 인사가 아니었습니다. 그런데도 일제강점체제에 안주하지 못하고 그 체제를 청산하기 위해 독립운동에 투신한 그 시대의 진보주의자였다고 하겠습니다.

또 해방 후에도 그는 민족분단의 현실에 동조하거나 안주하지 않고 이승만 세력의 분단국가 수립 노선에 반대해 남북협상에 참가하는 등 민족분단 현실을 기어이 극복하고 통일민족국가를 수립하려는 진보적 노선에 서서 실천한 사람이었습니다.

생각해봅시다. 우리 근대사 이후에 역사상 그대로 유지해야 할 만한 체제, 즉 보수(保守)할 만한 체제가 무엇이었을까요. 구한말의 전제군주체제였을까요, 일제강점체제였을까요, 해방 후의 민족분단체제였을까요.

거듭 말하지만 해방 후 분단체제에 안주하려는 것이 보수적 노선이라면 분단을 극복하고 평화적으로 통일해야 한다는 것이 진보적 노선일 것입니다. 왜 그걸 진보와 보수로 보지 못하고 꼭 좌니 우니 편을 가르고 빨갱이니 흰둥이니 빛깔을 붙여 나누고 다투어야 하는지 이해할 수가 없습니다. 민족 구성원 사이의 대립만 강화하고 민족이 나아가야 할 길을 어지럽히는 이런 일들은, 한번도 정치색 있는 조직에 몸 담은 일이 없고 평생 우리 역사, 그것도 근현대사를 공부하고 가르쳐온 사람의 처지에서는 아무래도 역사 교육이 잘못된 탓으로만 생각되어 자책하지 않을 수 없는 겁니다.

더구나 역사 이해를 어느 한쪽으로 한정시키는 국사교과서 국정화를 강행했던 박정희 유신정부의 처사가 21세기에 되살아나는 상황이 되고, 심지어는 국사교과서 국정화를 반대하면 좌익이고 찬성하면 우익인 것처럼 말해지기까지 하니 우리 사회가 왜 이렇게까지 되었을까요.

팔십 평생을 역사학 전공자요 역사선생으로 살아온 한 사람으로서 그저 할 말을 잃고 안타까워할 뿐입니다. 그러나 국사교과서 국정화가 박정희 정권이 끝나자 바로 폐지되었음을 알고 있기에 크게 염려하지는 않습니다. 여러분의 현명한 판단을 기대하면서 내 이야기를 이쯤에서 마치려 합니다. 경청해주셔서 감사합니다.

묻고 답하기

이제 막 역사 공부를 시작하는 사람에게
해주고 싶은 말씀이 있으신지요?

지금은 우리 사회의 인문학이 쇠퇴해간다는 우려가 심해져가고 있지만, 그런 때일수록 뜻있는 사람이면 인문학을 전공할 만하다고 강조하고 싶습니다.

평생 역사 공부와 교육을 생활 수단으로 삼아오면서 전공에 대해 한번도 후회해본 일이 없다고 확언할 수 있습니다. 왜 그랬는가 하면 물론 역사 공부가 좋아서였겠지만, 시작할 때 평생 이 공부를 하고 살겠다, 아무리 어렵더라도 이 길만이 나의 길이다 하는 확고한 마음가짐이 있었기 때문이라 할 수 있지 않을까 합니다.

사람의 평생이란 길고도 험한 길입니다. 그럴수록 꼭 이 길을 걷고 싶다, 이 길만이 내 길이다 하는 확고한 신념을 가지고 출발하는 것이 중요하다고 강조하고 싶습니다.

그리고 그런 확고한 신념을 가지고 출발한 이상 그만큼의 보람도 느낄 수 있고 그만큼의 성과도 얻을 수 있다고 확언할 수 있습니다. 혹시라도 그저 옛일, 옛이야기를 배우고 가르치는 일이라는 예사롭고 안일한 생각을 가지고 서툴게 역사 전공의 길에 들어섰다가는 후회하게 마련임도 덧붙이고 싶습니다. 내 경험에 의하면 역사학이야말로 어느 학문에 못하지 않은 치열한 학문입니다.

그리고 당연한 말이지만 이 길에 들어선 이상 누구보다도 앞서가는 연구자가 되겠다는 '야심'을 가져야 합니다. 그러면 그 학문에 심취하고 몰두해서 아무리 어려운 문이라도 열 수 있게 마련이라는 생각입니다. 너무 흔한 말이면서 또 너무 당연한 이야기를 하지요. 역사학 전공자에게는 흔히 수많은 역사적 사실들에 대한 암기 능력이 중요한 것처럼 말해지기도 하지만 그렇지 않습니다. 어느 학문보다도 역사학은 암기력이 아니라 이해력이 중요한 학문입니다.

역사학은 인간 세상에서 일어난 그 많은 사실들에 대

해 알기만 하는 학문이 아니라, 그 사실들을 언제나 새롭게 해석할 수 있는 이해력과 능력, 그리고 남들과 또 지금과는 다르게 설명할 수 있는 창의력과 응용력이 어느 학문보다도 요구된다는 생각입니다. 거듭 말하지만 역사적 사실을 많이 아는 사람이 우수한 역사학자가 되는 것이 아니라 그 사실들이 가지고 있는 의의와 앞뒤 연관성과 변화상, 그리고 그 장래성까지를 합친 역사성을 가장 잘 이해하는 사람이 우수한 역사학자가 되는 겁니다. 이 점 꼭 명심하세요.

내가 책을 통해 읽는 역사는 당연히 내 역사가 아니라 나에 앞선 선배 역사학자들의 역사입니다. 그 '남의 역사'를 참고해서, 아니 그것을 넘어서 내가 쓰고 가르쳐야 할 나의 역사는 따로 있으며, 그 따로 있는 역사를 가장 정확하게 또 설득력 있게 쓰는 것이 내가 해야 할 일이라고 생각할 수 있어야 합니다.

물론 쉬운 일은 아닙니다. 그러나 지금까지 다른 사람에 의해 쓰인 역사가 아닌 내가 쓰는 역사를 가질 수 있어야 비로소 한 사람의 역사학자가 될 수 있다는 사실을 아는 일이 중요합니다. 너무 어려운 요구를 했나요? 그러나 나만이 쓸 수 있는, 내가 쓴 역사를 가지는 역사학자가 제대로 된 역사학자라는 생각을 가진 역사학 전공자가 되기를 기대합니다.

역사에는 시대의 흐름을 파악하는 단서가 들어 있다고
하셨는데, 그 단서는 어떤 노력으로 찾을 수 있을까요?

어떤 역사적 사실도 어쩌다 그냥 생긴 단순한 사실이
아니고, 역사적 사실인 이상 그것만이 따로 떨어져서 생
겨나고 또 그 혼자만이 살아지는 게 아닙니다. 그것이 인
류사의 흐름과 직간접의 관계를 지니고 생겨나고 없어지
기 때문에 바로 역사적 사실이 되는 겁니다. 따라서 역사
적 사실은 반드시 시대와 역사적 흐름의 한 부분입니다.
한 시대의 역사적 사실들이 모여 하나의 흐름을 이룰 때
그것을 시대의 흐름이라 합니다.

어떤 하나의 사실이 그저 일어났다가 사라져버린 단
순한 사실인지, 아니면 앞뒤 역사에 영향을 주고 세상과
시대를 바꾸어놓는 원인의 하나가 되었는지 판단할 수 있

을 때 역사의 흐름을 이해할 수 있게 됩니다. 시대의 흐름을 이해할 수 있게 하는 역사적 사실을 정확하게 알아내는 일이야말로 역사학 전공자가 갖추어야 하는 가장 중요한 요건이라 하겠지요.

예를 들어보지요. 인류 역사에는 수많은 왕자들이 있었고 그중에는 살해된 사람도 적지 않습니다. 그런데 1914년에 오스트리아의 황태자가 보스니아의 수도 사라예보에서 살해된 사실이 직접적 원인이 되어 제1차 세계대전이 일어났다는 것은 잘 알려진 사실입니다. 그리고 역사에서는 이 하나의 살해 사건이 그 엄청난 제1차 세계대전의 폭발점이 되었다고 합니다. 왕자 한 사람의 죽음이 세계대전의 계기가 되었다면 그만한 이유가 있고 그것은 역사학자들에 의해 밝혀지게 마련입니다.

이같이 흔히 일어날 수 있는 사건도 그것이 철저한 고증을 거쳐서 세계대전이 일어나는 계기가 되었다고 할 수 있다면 그 사건이 곧 하나의 역사적 분수령이 될 수 있고 또 그 사실을 시대 흐름을 파악하는 하나의 단서로 잡을 수 있는데, 그 일은 물론 국왕도 정치가도 아닌 역사학자가 하게 마련입니다. 그리고 설령 어느 역사학자 개인이 그 사건을 역사의 변화 내지 흐름의 단서라고 말했다 해도, 좁게는 그 나라 역사학계, 넓게는 세계 역사학계의 동의가 있어야 하는 것이기도 합니다.

프랑스대혁명, 제1·2차 세계대전, 동서냉전 종식 등 세계사의 커다란 사건들을 시대 흐름의 방향을 바꾸어놓은 역사적 사건으로 규정하고 그것을 시대 구분의 단서로 정하는 일은 역사학자만의 임무요 권리라고 할 수 있는 것입니다. 그리고 어느 한 역사학자나 어느 한 나라의 역사학계가 그 결정에 주도적 역할을 했다면, 그리고 세계 역사학계가 그것을 인정한다면 그것은 그 개인이나 그 역사학계의 학문적 수준으로 평가되는 것입니다.

개별 사실을 고증하는 작업이 역사학의 임무이기도 하지만, 그보다도 시대 흐름과 시대 변화의 단서를 파악해내는 일이야말로 수준 높은 역사학이라 할 수 있습니다. 그럼에도 그것을 파악할 수 있는 단서 같은 것이 따로 있느냐 하는 질문에 대해서 바로 이거다 하고 대답하기는 어렵습니다. 역시 오랫동안의 학문적 축적에 의해서만 얻어지는 거라 할 수밖에 없을 것 같습니다. 너무 애매한 답이 되었지요?

오늘날 공부하는 사람,

특히 역사 공부를 하는 사람이

가져야 할 바람직한 자세는 무엇이겠습니까?

'자세'라기보다 구체적으로 어떻게 하는 것이 바람직한가 하는 문제를 말해보지요. 역사적 개별 사실들을 많이 아는 것도 중요하지만, 세상에는 '역사란 무엇인가'를 규명하려 한 책들이 많이 나와 있으니 될 수 있으면 많이 읽으라고 권하고 싶습니다. 역사라는 것이 무엇인가, 인간의 역사는 변하게 마련이라는데 어디를 향해 어떻게 변하고 있는가, 인류의 역사는 궁극적으로 어디로 가고 있는가, 어디로 가는 것이 바람직한가, 역사적 인간형이란 어떤 것인가 하는 등의 문제를 항상 생각하려 하고, 또 그런 문제에 관해 해설해놓은 책이나 글을 발견하면 다 읽겠다는 욕심을 가지라고 말하고 싶습니다.

역사학을 전공하는 과정에는 몇가지 단계가 있다고들 합니다. 우선 처음에는 이것저것 다 전공하겠다는 욕심을 부리지 말고 평생을 두고 전공할 만하다고 생각되는 한 시대의 한 분야를 택해서 그 분야에 관한 전문 논문을 써서 업적을 내고—개별 사실에 대해 천착하는 일이 결국 역사란 무엇인가를 이해하는 길이 되기도 한다는 생각이니까—학문이 어느 정도에 이르면 전공하는 시대의 특징있는 시대사를 쓰고, 그러고 나서 학문 수준이 또 어느정도 높아지고 넓어지면 전공하는 분야 전체에 관한 특징있는 개설서를 쓰고, 마지막에는 자신만이 쓸 수 있는 '역사란 무엇인가'를 쓰는 것이 '완전한 코스'라는 것입니다. 물론 이런 코스를 완전히 밟은 사람은 극히 드물지만, 일단 학문의 길에 들어선 이상 '완전한 코스'를 밟겠다는 욕심을 가져볼 만하지요.

우리 역사는 여전히 제대로 밝혀지지 않은 부분이
많은 것 같습니다. 앞으로 공부를 하는 사람들이
좀더 연구해보기를 권하는 주제가 있으신지요?

대단히 중요하면서도 아직 전인미답인 경지 같은 것
은 없다고 하겠지요. 그런 것이 있다면 나도 그냥 두지 않
았을 테니까요. 이 질문에 답하기 위해, 우리 근대사에서
물론 세상에 알려진 사실이지만 앞으로 다른 측면에서 더
알려지고 이해되어야 한다고 생각하는 중요한 문제 하나
를 들어보지요. 좀 긴 이야기가 되더라도 양해하기 바랍
니다.

우리 민족사회가 20세기로 들어오면서 일본 제국주
의의 강제지배를 받게 되었는데, 그렇게 된 역사과정에
대해서는 대개 청일전쟁과 러일전쟁에서의 일본의 승리,
그로 인한 '을사보호조약' 체결과 한국군대 해산, '한일합

방조약' 체결, 그리고 그 과정에서의 의병항쟁 등을 설명하는 정도가 아닌가 합니다. 그런데 역사 이해에 있어서 제국주의 일본이 우리 땅을 근 반세기 동안 지배하게 된 근거를 '한일합방조약'에 두어도 괜찮은가 하는 문제가 있습니다.

만약 그렇다면 근 반세기에 걸친 일본의 우리 땅 지배는 강제지배가 아니라 합법적 지배가 되니까요. 반세기에 걸친 일본의 우리 땅 지배가 이른바 '한일합방조약'에 의한 합법적 지배인가, 아니면 '합방'에 반대해서 전국적으로 일어나 싸운 의병을 4만명 이상이나 전사케 한 후에야 가능했던 침략전쟁의 결과인가 하는 문제입니다.

그런데 제국주의 일본의 괴뢰 만주국 장교 출신으로서, 또 해방 후에는 우리 군대의 장군으로서 민주적으로 성립된 정부를 군사 쿠데타로 뒤엎고 정권을 탈취한 박정희 정부가 1965년에 처음으로 한일협정을 맺고 한일 간의 국교를 열었을 때 의병전쟁은 안중에도 없었던 것 같습니다. 또 1910년의 이른바 '한일합방조약'에 대해서도 박정희 정부는 그것이 체결된 당시부터 이미 무효라 '이해' 하고, 또 일본 정부는 태평양전쟁에서 패배함으로써 우리 민족사회가 그 지배에서 벗어난 1945년부터 '한일합방조약'이 무효가 되었다고 '이해'하는 서로 다른 애매한 상황에서 한일협정이 체결되었습니다.

일본이 태평양전쟁에서 패배했을 때 미국 중심의 연합국들은 일본 제국주의가 청일전쟁으로 빼앗은 대만은 중국에 돌려주고 러일전쟁으로 빼앗은 북위 50도 이남의 사할린 땅은 소련에 돌려주었습니다. 우리 땅도 일제강점 아래에서의 주민들의 노예 상태 운운하면서 패전한 일본 영토에서 떼어내어 일정한 절차를 거쳐 독립시키기로 결정했습니다. 그것은 곧 연합국들이 일본의 우리 땅 지배를 침략으로 인정했기 때문이라 하겠습니다. 그런데도 박정희 정부는 한일협정 과정에서 그것을 밝히지 못하고 말았으며 일본에게서 받은 몇억 달런가 하는 돈도 침략에 대한 배상금이 아닌 청구권이라고 했던 겁니다.

그리고 연합국들도 일본의 우리 땅 지배를 침략으로

인정해 우리 땅을 일본 영토에서 떼어내었으면서도 일본 패전 후 열린 전범 재판에서는 의병전쟁을 탄압하고 우리 땅을 강제합방하는 데 역할을 한 정치인과 관료들, 군 지휘관들부터 대상으로 삼지 않고 강제지배한 우리 땅을 발판으로 대륙을 침략하기 위해 일으킨 만주사변의 주모자들부터를 대상으로 삼았습니다. 그러나 그 사실을 정치적으로나 역사적으로나 아무도 지적하지 않았습니다.

지난 2010년 이른바 '한일합방' 100주년 때 우리와 일본의 양심 세력들이 '한일합방조약'이 무효라고 선언했지만, 한일 두 정부가 무효 선언을 하지 않는 이상 현실적 효과가 있을 수 없었습니다. '한일합방조약'이 무효가 되지 않는 이상 제국주의 일본의 근 반세기에 걸친 우리 땅 지배는 합법적 지배가 되고 그 지배에 저항해서 싸운 우리 민족의 독립운동은 합법적 지배에 저항한 '불법적 행위'가 되는 것입니다. 제국주의 일본의 괴뢰 만주국 장교 출신인 박정희 정권의 역사적 죄과가 얼마나 큰지 우리 사회 일반이, 그리고 우리 역사가 아직도 제대로 지적하지 못하고 있는 겁니다.

이와 같이 우리 역사에는 아직도 지적하고 밝히고 재해석해야 할 사안들이 많습니다. 일본이 우리 땅을 합병하려 할 때 그에 저항해 일어난 의병의 규모에 대해 우리쪽 통계가 있는지 없는지 아직 발견하지 못했는데, 일본 침략군 쪽의 통계만으로도 16만명인가 되었고 그중 전사자가 역시 일본 쪽 통계만으로도 3~4만명이나 되었습니다. 그 무렵 일본군이 강제로 해산시킨 대한제국의 군인이 불과 8천명 정도였는데 말입니다. 이런 일들을 제대로 연구하고 서술하고 또 가르쳐야 하겠지요.

역사 서술은 사실을 어떤 관점으로 보느냐에
따라 많이 달라지는 것 같습니다.
역사관의 옳고 그름을 따지는 건 가능한 일일까요?

역사를 보는 초점을 어디다 둘 것인가 하는 점은 대단히 중요합니다. 흔히 말하는 것처럼 역사는 '귀에 걸면 귀고리, 코에 걸면 코걸이'가 아니니까요. '역사는 이상의 현실화 과정이다'라는 글을 쓴 적이 있고 논설문을 모아 출판한 책의 제목을 그렇게 붙인 일도 있습니다만, 이성적 동물로서 인간은 끊임없이 자신의 생활환경을 개선하려 노력해왔으며 그 끊임없는 노력의 과정이 곧 인류사가 되었다고 할 수 있습니다.

구체적으로 예를 들어 말하면, 고대사회의 일반인인 노예들은 그 생활환경을 중세시대의 농노만큼이라도 개선하기 위해 노력하고 또 투쟁해서 기어이 그 목적을 달

성했습니다. 그리고 중세시대의 일반인인 농노들은 근대
사회의 자유농민들만큼 살기 위해 또 끊임없이 노력하고
투쟁해서 기어이 그 목적을 달성했습니다. 그 과정이 곧
인류 역사 발전의 과정이라 하겠습니다.

지혜로운 동물인 인간은 전체 역사시대를 통해 끊임
없는 노력과 투쟁으로 그 생활환경을 개선해왔으며 앞으
로도 마찬가지일 겁니다. 독일 철학자 헤겔(Hegel)이 말했
지요. 인간의 역사는 한 사람이 자유로운 시대로부터 만
사람이 자유로운 시대로 발전해간다고요. 즉 고대사회에
서는 절대권력을 가진 왕 한 사람만이 정치·경제·사회·
문화적으로 자유로웠는데, 중세시대로 오면서 영주 등 귀
족계급까지 정치·경제·사회·문화적으로 자유로운 시대
가 되었고, 근대로 오면서 이제 모든 사람이 정치·경제·
사회·문화적으로 자유로운 시대로 되어간다는 거지요.

그러나 역사가 그렇게 순조로운 것만은 아닙니다. 아
직도 어느 나라 어느 지방을 막론하고 그 사회 구성원 전
체가 정치·경제·사회·문화적으로 자유로운 것은 아닙니

다. 세계사적으로도 여성들이 정치적 선거권을 가지게 된 것은 20세기에 들어와서인 경우가 많으니까요. 인간 역사가 추구해가는 이상향은 모든 인간이 정치적으로 자유로워지고 경제적으로 고루 잘살게 되고 사회적으로 만민평등이 이루어지며 문화적으로는 사상의 자유가 완전히 보장되는 그런 세상입니다. 인류 역사를 통해 그 이상을 달성하기 위한 많은 투쟁과 희생이 있었지만 아직은 충분치 못합니다. 인간 세계의 '역사 투쟁'이 더 계속되겠지요.

Q

올바른 역사관 정립을 위해
꼭 읽어야 할 책이 있다면 무엇일까요?

앞에서도 말했지만 세상에는 '역사란 무엇인가' 등
에 관해 쓴 국내외의 책이 너무 많습니다. 그중에서 어느
개인의, 특히 우리 민족 같은 분단민족사회 구성원의 역
사관 정립을 위한 책은 이거다 하고 한두권을 지적하기는
어렵습니다. 어떤 책 몇권을 읽어서 한 사람의 역사관이
성립되는 것은 아니고, 결국은 스스로의 역사적 환경을
바탕으로 끊임없는 노력과 고민에 의해서만 제 나름의 역
사관이 세워진다고 생각합니다. 아무리 뛰어난 외국의 역
사 이론가라 해도 그가 처한 역사적 조건 및 환경과 우리
가 처한 조건과 환경은 다르기 때문입니다.

현실적으로 우리는 세계에 유일한 분단민족사회의

구성원이면서 역사 연구자이기도 합니다. 외국의 어떤 대역사가도 우리 같은 분단민족사회의 역사학이 나아가야 할, 또 해결해야 할 문제를 제대로 설명하는 사론을 세울 수는 없겠지요. 왜냐하면 그의 문제가 아니니까요. 우리 민족의 역사적 문제는 우리 학문, 우리 이론에 의해 해결되어야 한다고 하겠습니다.

그러나 유감스럽게도 극심한 남북 대립, 좌우 대립의 현실 조건 아래서 그것을 극복할 역사관을 제대로 설명해주는 역사 이론서를 구하기는 어려운 것이 현실입니다. 스스로가 분단극복사론의 수립자가 되겠다고 생각하고 굳건한 역사발전사관을 발판으로 극히 객관적인 처지에서 세계 유일의 분단민족사회인 우리의 역사학이 나아가야 할 방향에 관한 이론서를 지금부터 써보겠다는 생각도 가질 만하다는 생각입니다.

언젠가 '모든 역사는 현대의 역사다'라고 하는 책을 읽은 기억이 있는데, 대단히 정곡을 찌른 역사 이론서라는 생각을 했던 기억이 있습니다. 쉽게 예를 들면 역사 연구가들이 구한말의 시점에서 본 조선왕조와 일제강점기에 본 조선왕조와 해방 후의 시점에서 본 조선왕조가 각기 다르다는 겁니다. 즉, 어떤 역사적 사실도 그것을 보는 시대에 따라 다르게 마련이며, 따라서 모든 역사는 그것을 보는 시대의 역사, 즉 현대사라는 설명이 가능한 겁니다. 이해되겠지요?

국사만큼이나 중요한 것이 세계를 보는 안목일 것 같습니다.
국사와 세계사 이해의 균형을 맞추려면 어떻게 해야 할까요?

국사와 세계사의 균형을 어떻게 맞추느냐 하는 질문
은 좀 어렵군요. 우리 역사도 당연히 세계사의 일환이라
는 생각이 중요합니다. 흔히 세계 문화를 설명할 때 하나
의 꽃밭에 비정(比定)하기도 합니다. 자본주의 시대가 되
면서 지구상의 교역이 빈번해지고 또 문화 교류가 활발해
지니까, 그리고 자본주의적 생산양식이 대량생산과 대량
판매를 통한 이윤추구를 강하게 지향하니까, 세계라는 꽃
밭이 모두 흰 빛깔의 꽃으로만 가득 차게 되고 또 그것이
당연하다고 생각할 수 있게 마련입니다.

그러나 대량이익 추구를 위한 동일 상품의 대량생산,
대량판매가 지향되는 자본주의 시대라 해도 옳은 의미의

세계화는 그런 것이 아니라 할 수 있습니다. 각 민족사회의 문화라는 형형색색의 꽃이 각기 다른 제 빛깔과 제 향기를 지닌 채 세계라는 하나의 꽃밭에 함께 참가함으로써 한 빛깔의 꽃으로만 가득 찬 꽃밭이 아니라 형형색색의 각기 다른 향기를 가진 꽃들이 모인 그야말로 다양하고 아름다운 꽃밭이 되는 것이 옳은 의미의 세계화라 할 것입니다.

우리 역사가 나름대로의 특색을 가진다고 해서 그것만이 세계사에서 동떨어져 있는 것은 아닙니다. 우리 역사도 당연히 세계사의 일환이고, 그 발전방향이 세계사의 보편적 발전방향과 다를 수 없습니다. 한때는 독재권력이 '한국적 민주주의'니 하는 말을 만들어내기도 했지만, 민주주의적 보편성이 중요하고 국가적·지역적 특성은 그 보편성 안의 제한된 특수성일 뿐이라는 것을 아는 일이 중요합니다.

그러니 민주주의면 민주주의지 한국적인 것이 따로 있고 세계적인 것이 따로 있는 것이 아닙니다. 국사와 세계사의 균형을 맞추려면 국사가 가는 길이 따로 있고 세계사가 가는 길이 따로 있다는 식의 생각을 버리는 것이 중요하다는 생각입니다.

물론 국내적 조건과 세계적 조건이 부분적으로 다를 수도 있습니다. 그러나 같은 인간 사회의 일인 이상 그 차이를 완전히 따로 다루거나 그 차이를 유지하기 위해 인류 사회가 가지는 보편적 가치를 손상시켜서는 안 된다는 것은 상식입니다. 그 점을 간과하면 과거 배타적 자본주의 사회가 그랬던 것처럼 민족사회 사이의 분쟁이 심화되어 결국 전쟁으로 이어질 수 있으며, 그런 위험을 막는 데 어느 학문보다도 역사학의 역할이 클 수밖에 없다고 하겠지요.

다시 말하면 우리 문화가 가져야 하는 특수성은 세계적 보편성과 동떨어지거나 대치되는 것이 아니라 세계적 보편성과 상치되지 않으면서 그것을 다양하고 풍부하게 하는 데 도움이 되는 특수성이어야 하며, 그 점에 역사학의 역할이 있는 것입니다. 교통이 발달하고 세계가 좁아

질수록 각 민족사회의 문화가 타민족사회의 문화와 상치
되지 않고 서로 융합되어야 하며, 세계 문화가 획일적으
로 되어서는 안 됩니다.

남북분단이 오래 지속되어 사람들 사이에 통일에 대한
열망이 많이 사그라든 것 같기도 합니다.
오늘날 우리는 분단시대를 어떻게 인식해야 할까요?

민족분단시대가 반세기를 훨씬 넘기다보니 분단 타성 같은 것에 빠져서 분단 고통에 대한 인식과 통일에 대한 관심이 사그라들고 있는 것이 사실입니다. 심지어 어느 강연장에서는 같은 민족이 두개 이상의 나라를 이루어 사는 경우도 없지 않으니 되지도 않을 통일, 통일 하지 말고 남북이 싸우지만 말고 이대로 나뉘어 사는 것이 어떻겠느냐 하는 질문을 받기도 했습니다.

우리 땅의 지정학적 위치 문제를 이야기하면서 근대사 이후 우리 민족이 겪은 역사적 고통을 누누이 말했지만, 그런 문제를 떠나서도 특히 통일문제에 대한 우리 젊은이들의 열망이 사그라드는 데는 그저 아연하지 않을 수 없습니다. 그것도 늙은 세대의 고질이다 하면 할 말이 없지만, 그래도 말하지 않을 수 없습니다.

지금 우리 젊은이들, 특히 대학생들이 세계에서 거의 유일하게 1학년 마치고 입대할지 2학년 마치고 입대할지 고민하는 사람들입니다. 지금부터 육십년 전에 나도 꼭 같은 고민을 하다 결국 졸업을 한 학기 남겨두고 입대했었는데, 지금 내 손자들이 같은 고민을 하고 있습니다. 이게 예사로운 일일까요? 세계에 이런 민족사회가 또 있을까요? 이십대 초엽의 꽃다운 나이에 어제까지의 일을 백지인지 '백치'인지로 돌릴 것을 강요당하는 군대 생활을 반드시 몇년씩 해야 합니다. 동포인 북녘 젊은이들은 복무기간이 더 길다고 알고 있지요. 대부분의 세계 청년들이 가고 싶은 사람만 받을 만큼의 월급을 받고 군대에 가는데 말입니다. 이게 모두 분단 때문이 아닌가요?

그뿐만이 아닙니다. 저 부자 나라 일본도, 그리고 통일한 독일도 상비군이 30만명 미만이라고 들었는데 우리는 남북을 합치면 백만명이 훨씬 넘습니다. 그 군사비용이 또 얼마입니까? 동족끼리 반세기가 넘도록 다투고 있는 우리 땅을 두고 세계인들이 '극동의 화약고'요 세계에서 전쟁 위험이 제일 높은 곳의 하나라고 한심해하고 조롱하고 있습니다. 그뿐만이 아닙니다. 남쪽은 옛 소련과도 또 중국과도 벌써 국교를 열었는데 북쪽은 아직도 미국과도 일본과도 국교가 없고 따라서 우리 땅 전체가 저 무서운 핵전쟁의 위협을 받고 있습니다. 이것이 모두 분단 때문인데 통일에 대한 열망이 사그라든다고요? 도대체 생각이 있는 젊은이들일까요? 더 할 말을 잃습니다.

21세기에 들어서면서 지난 20세기보다는 세계 평화가 정착되어가고 우리 젊은이들의 세계무대에서의 활동도 활발해지리라는 전망입니다. 그런데 제 민족문제를 제대로 해결하지 못해서 언제까지나 '극동의 화약고' 소리를 듣는 사람들의 세계무대에서의 활동은 아마 다른 나라 젊은이들의 조롱거리가 되고도 남을 겁니다. 민족의 평화적 통일 문제는 시일이 지난다고 해서 결코 사그라들 문제가 아닙니다.

한국의 대학교육이 위기라고들 합니다. 오늘날
대학교육이 나아가야 할 방향에 대해 말씀을 듣고 싶습니다.

반평생을 대학 선생을 했고 또 한 임기 동안이나마 대학 운영의 책임을 맡았던 사람으로서 우리나라 대학문제에 대해 할 말이 없을 수 없습니다. 자서전 비슷한 글에서도 이미 썼지만, 중세시대까지도 꽤 문화 수준이 높았던 우리 민족사회가 근대사회로 들어서는 길목에서 타민족의 강제지배를 받게 되면서 지독한 우민정책으로 인해 3천만 인구에 대학이라고는 경성제국대학 하나뿐인 상황이 근 반세기 동안 이어졌습니다. 그러다가 해방이 되면서 민족자본이 제대로 형성되기도 전에 대학이 우후죽순으로 세워졌습니다.

억지로라도 대학을 만들어놓기만 하면 고등교육에

목마른 사람들, 전시학생증을 얻어 6·25전쟁에 동원되지 않으려는 사람들이 흔히 말하는 것처럼 소 팔고 논 팔아서 구름같이 모여들었고, 따라서 전혀 대학답지 않은 대학들이 대량으로 세워졌습니다. 이같은 현상이 계속되어 지금은 고등학교 졸업생의 80퍼센트가 대학에 진학하는 나라가 되었고, 대학을 졸업하고도 고등학교 졸업생과 같은 대우의 직장에 다니는 사람들이 증가하는 상황이 되었습니다. 대학교육으로 인한 낭비가 얼마나 큰지 모릅니다.

그리고 큰 대학들은 엄청난 액수의 돈을 모아놓고 있다는 소문인데도 해마다 신학기만 되면 등록금 인상에 반대하는 학생들이 총장실에서 농성하는 불상사가 벌어지고, 그래도 정부 교육 당국은 나 몰라라 하는 상황입니다. 또 해마다 등록금을 올리면서도 대학이 교수 수를 늘리거나 그 많은 대학 연구소들이 연구교수를 두는 경우가 극히 드물어 박사 실업자가 늘어나고 있습니다. 정부에서 연구교수를 지원하고 있지만 박사 실업자 수에 비하면 그 수용이 너무 적은 현실입니다.

이렇게 많은 문제를 안고 있는 우리나라 대학을 어떻게 개혁해야 할지 솔직히 말해서 얼른 묘안이 떠오르지 않습니다. 생각 같아서는 대학을 모두 국립으로 해서 그 수를 1차로는 3분의 2로, 2차로는 절반 정도로 줄이고, 교수들은 일정 기간 로테이션을 시키고, 대학에 못 들어가는 학생들은 고등학교 과정부터 자질에 따라 졸업 후 실업 일선에 나가도록 교육해야 하지 않을까 합니다. 너무 심한 생각인가요?

역사교과서 국정화에 대한 선생님의 의견을 좀더 듣고 싶습니다.
그리고 제대로 된 역사 교육의 방향은 어떤 것일지요?

답이 될는지 모르지만 지난 이야기를 하나 하지요. 일
제강점기에 조선 아이들을 일본 제국의 충성스러운 신민
으로 만드는 교육의 첨병이라 할 국민학교 선생을 하다가
일본의 괴뢰 만주국 군인이 되었고, 해방 후에는 국군 장
교가 되어 군사 쿠데타로 정권을 잡은 박정희 군사정부가
일제시대의 교육칙어를 연상케 하는 국민교육헌장이란
것을 만들어 학생들에게 외우게 하더니 나아가서는 국사
교과서를 국정화하겠다고 했습니다.

그러던 어느날 문교부 편수관이라는 사람이 찾아와
서 국정교과서의 조선왕조 부분을 써달라고 했습니다. 하
도 어이가 없어서 내가 쓰지 않을 뿐만 아니라 아마 대한

민국의 국사학자 중에는 쓰겠다는 사람이 없을 것이며, 그래서 국사교과서 국정화는 되지 않을 것이라고 말해주었습니다. 그런데 쓰는 사람이 있었고 국정 국사교과서가 나왔습니다. 그런데도 서민들까지도 '유신'인지 '귀신'인지 하면서 무서워하던 때라 어느 역사학회도 반대성명 하나 내지 않았습니다. 그런데 계간지 『창작과비평』이 국사 국정교과서를 비판하는 특집을 내겠다기에 국사학자 몇 사람과 함께 비판하는 글을 쓴 적이 있습니다.

박근혜 정부가 박정희 유신정부를 본받으려는지 국사교과서 국정화를 강행하고 있는데, 가장 중요한 이유는 아마 박정희 정권의 역사적 정당성을 되살리려는 집권자의 '효심'이 아닌가 합니다. 그러나 우리 현대사상 가장 심한 강권정치를 폈던 박정희 정권의 교과서 국정화도 그 정권이 끝나자 곧 무위로 되고 말았습니다. 따라서 이번 국정 국사교과서의 수명도 그다지 길지 못할 것임을 확신하기 때문에 그다지 염려하지 않습니다.

그리고 제대로 된 역사 교육의 방향에 대해서도 물었

는데, 특히 역사교과서는 현실권력으로부터 자유로워야 합니다. 민족사회의 장래를 담당할 2세 국민은, 미래를 살아야 할 2세 국민은 현실권력 담당층의 역사의식에 물들지 않고 공명정당한 역사관을 가지도록 교육받아야 하며, 또 철저하게 과학적인 역사의식을 바탕으로 한 교육을 받아야 그 민족사회의 장래가 밝아질 수 있습니다. 더구나 우리 민족사회는 평화통일을 반드시 이루어내야 하는 중차대한 민족사적 과제를 안고 있습니다.

남북 대립과 분쟁의 주역이었던 기성세대, 기성 권력의 역사의식이 될 수 있는 한 적용되지 않는 그런 역사 교육이 절실히 요구된다 할 것입니다. 특히 역사적·민족적 정당성에 약점이 있는 권력일수록 되지도 않을 정당성 확보를 위해 역사 교육을 뜻대로 좌지우지하려는 욕심을 부리는 경우가 많습니다. 그러나 그 욕심이 그리 오래 효과를 발휘하지는 않습니다. 역사의 힘이, 역사의 작용이 결코 그것을 용납하지 않으니까요. 너무 낙관적인 관점인가요? 이만합시다.

공부의 시대
강만길의 내 인생의 역사 공부

초판 1쇄 발행/2016년 7월 15일
초판 4쇄 발행/2017년 1월 23일

지은이/강만길
펴낸이/강일우
책임편집/최지수 이상술
조판/황숙화
펴낸곳/(주)창비
등록/1986년 8월 5일 제85호
주소/10881 경기도 파주시 회동길 184
전화/031-955-3333
팩시밀리/영업 031-955-3399 편집 031-955-3400
홈페이지/www.changbi.com
전자우편/nonfic@changbi.com

ⓒ 강만길 2016
ISBN 978-89-364-7295-5 04300
        978-89-364-7964-0 (세트)